AF469615

Hommage respectueux à Monseigneur Bourret

MÉTHODE
ÉLÉMENTAIRE
d'Orgue d'Harmonium et de Piano-Chant
PAR
J B. BISCHOFF
Chevalier de l'Ordre de St-Sylvestre,
Maître de chapelle de la cathédrale de Rodez
ancien élève de l'école de musique religieuse,
Membre de la société St-Jean
avec encouragement de Mgr l'évêque

CONSEILS AUX ÉLÈVES

EXPOSITION DES PRINCIPES CONTENUS DANS CET OUVRAGE

J'ai entendu souvent exprimer le regret qu'il n'existât pas une méthode d'orgue vraiment élémentaire. Mon expérience personnelle m'a convaincu qu'en effet, si les méthodes de piano abondent, il n'y a que très peu ou point d'ouvrages didactiques pour faciliter l'enseignement et l'étude de l'orgue ou de l'harmonium. Peut-être néanmoins n'eussé-je jamais tenté de combler cette lacune, si des voix autorisées ne m'avaient plusieurs fois pressé de l'entreprendre.

Aujourd'hui, autant par déférence pour ces sollicitations, trop bienveillantes sans doute, qu'en vue de contribuer dans la mesure de mes forces au progrès de l'art musical dans une de ses formes les plus utiles, dans une de ses manifestations les plus élevées, j'offre au public un manuel de l'organiste que je crois clair, rationnel et pratique.

Professeur, maître de chapelle ou organiste depuis près de quinze années après avoir suivi avec quelques succès les cours de l'Ecole de musique religieuse de Paris, j'espère inspirer confiance et voir ma méthode favorablement accueillie.

Dieu bénisse cette œuvre qui a pour but la restauration du chant sacré et de la musique d'église !

Un ouvrage de la nature de celui-ci doit, pour être complet, non seulement renfermer des préceptes et des exercices de mécanisme, mais encore comprendre un traité du plain-chant basé sur la tonalité du chant grégorien, et les notions essentielles de l'harmonie. Le service de l'orgue ou de l'harmonium suppose, en effet, chez celui qui en est chargé, et l'aptitude à exécuter sur l'instrument les divers chants en usage dans nos églises, et l'intelligence des mélodies sacrées, et la connaissance des formules harmoniques qui leur conviennent.

Je me suis inspiré de ces nécessités et j'ose me flatter, appuyé sur le jugement de personnes compétentes ainsi que sur l'épreuve déjà faite au cours de mon enseignement, que ma méthode contient tout ce qu'il faut absolument savoir pour jouer correctement, outre les versets d'usage, n'importe quel morceau du graduel et de l'antiphonaire, les cantiques et les motets faciles, et pour en composer soi-même l'accompagnement.

Qu'on n'aille pas toutefois s'imaginer que nous mettons au jour un système mécanique pour former des organistes sans qu'il soit besoin d'application d'esprit et de travail. De tels procédés d'éducation musicale ne sont pas près d'être découverts, et j'ai, quant à moi, mon art en trop haute estime pour admettre qu'il puisse devenir jamais une main-d'œuvre automatique ou routinière.

Cette *méthode* se divise en cinq parties. Je traite dans la première, du clavier ;

dans la deuxième, de l'orgue proprement dit ; dans la troisième, de l'harmonie ; dans la quatrième, du plain-chant, enfin dans la cinquième, des faux-bourdons.

1° Du clavier. — La vraie musique d'orgue est d'une espèce particulière ; si le piano supporte les rhythmes sautillants, les sons détachés, il n'en est point de même de l'orgue qui préfère le *style lié.* Or, pour produire des sons qui se suivent sans la moindre discontinuité, on se voit souvent obligé de remplacer très rapidement les doigts les uns par les autres, afin de rendre disponibles ceux qui doivent attaquer les notes suivantes. Ces mouvements de *substitution* sont difficiles et exigent une perfection de mécanisme dont on se doute généralement fort peu.

C'est pour donner aux doigts cette souplesse rigoureusement nécessaire, que je commence par la partie du clavier. Elle dirigera l'élève dans l'étude des notes, de la mesure, des tonalités et surtout du doigté et du mécanisme. Un professeur de piano pourrait la faire suivre avec quelque avantage, car elle ne renferme rien de spécial à l'orgue.

J'ai écrit les premières leçons en deux clefs de *sol.* Les élèves trouveront sans doute avec moi que la bonne tenue des mains, l'observation du doigté et de la mesure, constituent d'assez nombreuses difficultés sans que celles de la lecture viennent encore s'y ajouter. Quand paraîtra la clef de *fa,* toute difficulté sera déjà vaincue et l'on n'aura plus qu'à s'occuper de la lecture des notes nouvelles.

Je supplie les élèves qui voudront réellement devenir musiciens, de travailler toujours *lentement* et de *compter sans cesse* à haute voix en jouant. Je ne leur promets de bons résultats qu'à cette condition. Il s'en trouvera parmi eux qui croiront avoir un sentiment naturel et très juste de la mesure et du rhythme. Ils peuvent être dans le vrai relativement à une certaine musique au rhythme toujours plat, uniforme et assez rapide comme les marches et la musique de danse ; mais ils courent grand risque de s'abuser en ce qui concerne la vraie musique d'église : ici, le mouvement est presque toujours très-large ; et alors même qu'il est vif on y chercherait en vain un de ces accompagnements en accords plaqués ou en batteries qui marquent la mesure pour ainsi dire tambour battant et que l'élève suit en quelque sorte machinalement.

Non, rien ne peut donner une idée exacte du rhythme de la musique d'orgue si ce n'est une analyse parfaitement raisonnée de la composition de chaque mesure, analyse basée sur la valeur relative de chaque note par rapport à celle qui représente l'unité du temps.

Cette analyse devient surtout nécessaire quand il s'agit de déchiffrer un morceau chargé de notes et d'un mouvement *lent.* Il faut remarquer en effet, que plus un mouvement est lent, plus il est difficile à saisir, et plus aussi la répartition des notes y devient mal commode ; aussi, dans les concerts de Paris où l'on exécute les œuvres de nos grands classiques, le chef d'orchestre a-t-il souvent soin de marquer d'un mouvement d'archet, non seulement chaque temps, mais encore chaque demi-temps des morceaux marqués *adagio* ou *lento.* Sans cette précaution, l'ensemble se maintiendrait difficilement dans l'orchestre, malgré le talent de chacun des exécutants.

Cette subdivision de la mesure, si *utile quelquefois* aux artistes, est *toujours indispensable* aux novices dans l'art. Que les élèves consentent donc à marquer la mesure comme je vais le leur proposer ; mon système les fera peut-être sourire tout d'abord, mais ils ne tarderont pas à reconnaître son utilité. Quant à moi, une pratique de près de quinze années m'a montré son excellence et j'affirme que, de tous mes élèves ceux-là seuls sont devenus musiciens qui ont consenti à compter sans cesse ainsi : *u-neu, deu-seu, troi-seu, qua-treu.*

La subdivision des temps est d'ailleurs reconnue nécessaire par beaucoup de professeurs ; les uns, au lieu de faire compter seulement quatre temps vont jusqu'à huit ; d'autres font prononcer à leurs élèves des syllabes comme *fé-li, fé-ta* et tant, d'autres dont le sens est aussi peu défini.

Mon système me paraît préférable parce qu'il rappelle constamment à l'esprit de l'élève l'*ordre* des temps, ce qui est de la plus grande importance.

J'insiste donc sur cette question de la mesure ; c'est la plus grave selon moi. La mesure est à la musique ce que les proportions sont au dessin. Une fausse note par-ci par-là n'empêchera pas que l'ensemble d'un morceau puisse être compris et goûté, tandis que sans mesure on ne produira jamais qu'une musique défigurée et insaisissable.

Le *doigté*, autre point très important effraie et embarrasse un grand nombre d'élèves. Pour en surmonter les difficultés, il n'y a que deux moyens à employer : suivre scrupuleusement dès le début, le doigté marqué dans *tous* les exercices, surtout dans les gammes et les arpèges, et à le retenir de mémoire. En réalité, les gammes et les arpèges fourmillent dans la musique, tout au moins en trouve-t-on des fragments à chaque instant ; l'élève qui se souviendra parfaitement de leur doigté, l'appliquera comme naturellement, j'allais dire instinctivement, de même que l'habitude de la parole nous fait porter la langue où il faut sur le clavier du palais, pour émettre les sons qui exprimeront notre pensée. Il est d'ailleurs difficile de tracer sur ce point d'autres règles générales que celle-ci : à moins de nécessité absolue, *il ne faut jamais placer le pouce sur les touches noires.*

Le *mécanisme*, ainsi que je l'ai dit en commençant, est le grand moteur sans lequel toutes les autres bonnes dispositions de l'exécutant seront réduites à néant. L'étude des morceaux ne peut point le donner ; il faut pour cela des exercices particuliers que l'on *travaillera lentement* et tous les jours, en articulant beaucoup chaque doigt. Tels sont les exercices des leçons 1, 2, 14, etc., et surtout les gammes et arpèges dans lesquels le pouce doit passer *sous* la main sans la moindre contorsion.

Quant aux lois de la *tonalité* elles méritent d'être sérieusement approfondies. Que de soi-disants musiciens qui ne savent pas ce que c'est qu'une gamme, un ton, un demi-ton, qui ignorent la raison d'être du *fa* dièse dans la gamme de *sol*, celle du *si* ♭ en *fa*, etc.! Et il ne suffira pas de connaître ces lois, au risque de ne produire qu'une horrible cacophonie ; il faudra en garder le souvenir toujours présent, et familiariser les doigts avec les divers accidents par l'étude incessante des gammes, des arpèges et des gammes harmonisées, de manière à ce qu'ils soient en état de jouer *juste* dans tous les tons pour ainsi dire spontanément et d'eux-mêmes.

2° *De l'orgue.* — Les élèves qui auront travaillé soigneusement la *partie du clavier* seront capables de lire la musique, de jouer en mesure, de déchiffrer sans maître un morceau peu difficile ; leur mécanisme sera assez formé pour leur permettre de jouer..... du piano.

Quant à l'orgue c'est un travail spécial à entreprendre. A voir jouer tel organiste

4

renommé, on ne lui supposerait pas un mécanisme bien développé, tandis que tel pianiste médiocre étonne les ignorants par le nombre de notes qu'il croque. Il n'est pas dit pourtant que le pianiste tiendrait convenablement l'orgue. « Pour exécuter correctement la musique d'orgue, nous dit M. Lemmens, le plus célèbre organiste contemporain, le doigté du *piano* est insuffisant. Le style *lié*, qui est dans le caractère spécial de l'orgue, présente les plus grandes difficultés ; pour les résoudre le doigté par substitution offre le plus de ressources. *Substituer* veut dire remplacer un doigt par un autre sur une même touche, sans qu'il y ait discontinuité de son. » Grâce à cette substitution, on peut toujours disposer à une extrémité de la main ou à l'autre des doigts nécessaires pour attaquer directement la touche suivante. Et ce doigté s'impose. Tout élève qui refuserait de se livrer à l'étude, il est vrai peu attrayante d'abord, des nombreux exercices de substitution de cette méthode se verrait à tout jamais incapable de produire sur l'orgue les sons à la fois puissants, soutenus, doux et chantants pour lesquels cet instrument semble uniquement créé. Il n'accompagnera pas même le plain-chant sans faire subir aux oreilles le supplice de ces accords pesants et martelés dont l'effet est assez semblable au roulement saccadé d'une lourde charrette sur un sol plein d'aspérités.

C'est assez dire qu'il faut étudier courageusement les exercices et études de cette seconde partie.

3° De l'harmonie. — Le *traité d'harmonie* quelque abrégé qu'il soit contient tout ce qu'il est nécessaire de savoir pour comprendre l'accompagnement du plain-chant et pour harmoniser soi-même quelques cantiques ou motets faciles. Mais, comme l'harmonie est une science qu'on ne peut apprendre à fond sans professeur, même avec le meilleur traité, je me suis gardé de multiplier les explications abstraites et techniques ; j'ai préféré m'en tenir à l'indispensable et l'enseigner par des exemples. Je crois qu'ainsi présentés les éléments essentiels de l'harmonie seront à la portée du plus grand nombre.

4° Du plain-chant. — En ouvrant le premier graduel venu, il est facile de se convaincre que les mélodies du plain-chant se composent exclusivement des notes naturelles de la gamme de *do* (excepté le *si b* qui y paraît quelquefois accidentellement.) De plus, on n'y trouve ni quartes augmentées, ni septièmes, ni neuvièmes. (On a noté en plain-chant des mélodies modernes, notamment des hymnes qui sont mesurées et qui renferment toutes sortes d'intervalles ; il ne saurait en être question ici.)

Ceci rappelé, qu'est-ce que l'*harmonie* ? Les traités nous répondent : *L'harmonie est le résultat de plusieurs mélodies superposées.*

De sorte que si l'on superpose plusieurs mélodies de tonalité moderne, c'est-à-dire composées d'intervalles tantôt chromatiques, tantôt dissonnants, comme les septièmes, la quarte augmentée, la quinte diminuée, les secondes mineures, etc., il doit en résulter fatalement une harmonie moderne, renfermant la dissonnance, la *transition* forcée d'un ton dans un autre. Superposons au contraire plusieurs mélodies composées exclusivement d'intervalles naturels et toujours consonnants ; peut-il en résulter autre chose qu'une harmonie des plus consonnantes ? Evidemment non, puisque l'harmonie est la conséquence et le développement naturel des lois de la mélodie, puisqu'elle est le résultat de plusieurs mélodies simultanées, dont chacune, dit d'Ortigue, justifie de son côté les mêmes lois !

Il faut donc admettre qu'une mélodie *consonnante* et *diatonique* ne peut-être accompagnée que d'une harmonie semblable. Sans doute très peu d'organistes se conforment à ce principe ; mais veut-on savoir de quels accords ils se servent pour orner les mélodies du plain-chant ? Identiquement des mêmes que ceux qu'ils emploient dans l'accompagnement des chansonnettes comiques, marches, romances, airs d'opéras, chœurs d'orphéons, valses, polkas et autres morceaux profanes et légers, pour ne rien dire de plus. Ils ne voient point de différence entre la tonalité du *Te Deum*, du *Dies iræ*, et celle des chansonnettes d'Offenbach et de Nadaud. Ils accumulent dièses sur dièses, dissonnances sur dissonnances, tout cela pour accompagner un chant simple, grave, religieux qui ne renferme et qui ne peut supporter ni les uns ni les autres.

De sorte qu'il se produit là ce fait étrange, l'opposition anormale jusqu'à la monstruosité, le choc constant de deux tonalités différentes. Et l'on trouve cela naturel et très beau. Messieurs Niedermeyer et d'Ortigue, l'un, grand compositeur, l'autre, musicographe célèbre, n'en jugent point ainsi. Dans leur traité de plain-chant qui a été une véritable révélation, ils démontrent surabondamment tout ce qu'a d'absurde cette façon d'accompagner. Ils recommandent l'harmonie consonnante et diatonique « comme étant la seule qui ne soit pas en lutte constante avec le chant et qui n'en détruise pas le caractère. »

J'ai tenu à être logique à la suite de ces grands maîtres, et je ne suis heureusement pas le seul. Sans parler des nombreux élèves qui ont puisé les vrais principes à l'École spéciale de musique religieuse dont Niedermeyer a été le fondateur et le directeur, tous les artistes d'un mérite reconnu ont complètement abandonné l'ancienne routine pour adopter la théorie du bon sens et du bon goût. Rendons-leur cette justice que ce ne sont point des âmes basses et jalouses, capables d'opposition de parti pris à un système, parce qu'elles ne peuvent revendiquer l'honneur de l'avoir découvert ou propagé. D'ailleurs, ce qu'on appelle système Niedermeyer n'est autre chose que la logique, le raisonnement appliqué à la musique. Niedermeyer ne s'est laissé ni tromper, ni entraîner par l'opinion, et il a eu le courage d'affirmer la vérité ; ce sera à jamais l'honneur de son caractère autant que de son talent. Il reste à faire justice d'une grave imputation de nos adversaires. Votre système peut être correct, mais il est désagréable à l'oreille, nous dit-on. Je réponds : ce qui est désagréable, c'est l'alliage de deux tonalités différentes dont l'une est la négation la plus absolue de l'autre ; c'est ce choc, ce sont ces *fausses relations* continuelles qui existent entre les notes du chant et celles de l'harmonie qu'on voudrait nous opposer. Pareille musique fait l'effet d'un monument grec dans lequel l'architecte aurait mêlé aux colonnes corinthiennes des ogives et des clochetons ; ou encore d'un tableau de l'école naïve et mystique d'Albert Durer auquel le peintre aurait joint le brillant coloris et les scènes légères de l'école de Watteau.

Et puis, n'est-ce pas se jouer de la langue comme du bon sens que de prétendre qu'une série d'accords essentiellement consonnants produise un effet si discordant ! J'ai toujours accompagné le plain-chant d'après le système diatonique ; eh bien, non seulement personne ne s'est plaint jusqu'ici de la dureté de mes accords, mais les encouragements les plus sympathiques, les félicitations les plus chaleureuses me sont nues de toutes parts. Notamment, aucun artiste n'a encore assisté à nos offices de la cathédrale de Rodez sans me dire : Voilà du plain-chant ! Et pourtant je ne cherche guère à déguiser mes formules harmoniques, en vue de ménager des oreilles par trop chatouilleuses. Dans les modes les plus délicats, les 3me et 4me, je caractérise franchement la finale par les deux accords *ré* mineur (sur *fa*) et *mi* mineur (sur *mi*), et je n'ai jamais recours, dans ce dernier accord, au fameux *sol* dièse sans lequel on déclare toute musique impossible. Semblable harmonie peut frapper à la première audition ; elle m'impressionna moi-même peu agréablement tout d'abord, mais je ne tardai pas à m'y accoutumer, à en comprendre et à en admirer l'ampleur. Au reste, la question d'oreille n'est ici que secondaire ; si elle devait primer toutes les autres, que ne *modernise*-t-on pas certaines formules *mélodiques* du plain-chant, qui n'ont point la grâce profane des compositions de Rossini, ou le charme délicat de celles de Mozart ! Ainsi font certains organistes, qui, assez logiques pour ne point vouloir unir deux tonalités ennemies l'une de l'autre, s'avisent parfois d'altérer quelques notes du chant, par exemple le *do* et le *sol* ; c'est là une licence qu'on pourrait qualifier sévèrement ; plaise à Dieu qu'ils ne trouvent point d'imitateurs ! Eux du moins sont conséquents et reconnaissent à leur manière que les formules harmoniques modernes ne sont point faites pour accompagner les antiques mélodies du chant sacré. Soyons aussi logiques et beaucoup plus respectueux. Laissons intact notre chant d'église, et contentons-nous d'y ajouter les sobres ornements d'une harmonie que St-Grégoire lui-même n'eut pas désavouée s'il avait prévu qu'avec les notes de l'échelle de chacun de ses modes, il est possible de créer des accords.

Étrange anomalie ! Tandis que les uns (et ce sont ceux qui paraissent être les défenseurs naturels du plain-chant) s'évertuent à défigurer, en y introduisant des éléments modernes, la mélopée grecque si naïve, si pieuse, si extatique et dont l'origine ancienne se révèle dans chacune de ses phrases, les autres, les mondains, s'ingénient à faire passer la tonalité de ce même plain-chant dans leurs œuvres profanes. Tels, Gounod qui a écrit la *chanson du roi de Thulé* de son Faust (une chanson !) sur le 2me mode de St-Grégoire ; St-Saëns, dont la *Danse Macabre* (une danse !) est écrite sur le 4e mode ; Berlioz qui n'hésite pas à se servir du 2e mode dans plusieurs parties de son célèbre oratorio l'*Enfance du Christ*. Et Meyerbeer, et tant d'autres ! Je ne sache point que de tels morceaux ainsi harmonisés aient jamais déchiré la plus délicate oreille. Les journaux nous ont, au contraire, rapporté leur immense succès, auquel, évidemment, leur tonalité n'est pas étrangère. La danse Macabre, dans laquelle la tonalité ancienne est le plus accusée, a surtout été accueillie par des applaudissements unanimes.

Et l'on soutiendrait encore, après cela, que la tonalité du plain-chant ne saurait convenir pour l'accompagnement de ce même plain-chant d'où elle tire tous ses éléments !

Mais j'ai dit, et l'on s'en étonnera peut-être, que je ne reconnais pas l'oreille pour sens, ni même pour premier juge en ces matières. En effet, la musique moderne a tellement pénétré nos oreilles et transformé notre sens musical que nous ne soupçonnons même pas une tonalité différente. Avant de prendre parti nous avons donc à façonner de nouveau nos organes, à nous habituer à la musique ancienne, à apprendre, en un mot, ce qui est devenu pour nous une langue morte ou une langue étrangère, comme on étudie le latin ou l'allemand lorsqu'on veut apprécier la littérature des Romains, comprendre les idiomes de l'Autriche ou de la Prusse.

Je n'ai point la prétention d'enseigner le plain-chant dans huit, dix ou même vingt leçons. Je crois qu'il constitue une véritable science dont toutes les règles doivent être clairement exposées par le maître, et soigneusement étudiées par l'élève.

Je n'admets point non plus qu'on puisse indiquer d'avance et absolument une harmonie déterminée et propre à telle ou telle formule mélodique. L'harmonie doit varier selon le mode dans lequel chaque formule se rencontre. Un *mi* par exemple, ne s'harmonise pas dans le premier mode comme dans le troisième, l'harmonie du *ré* n'est pas la même dans le deuxième mode que dans le huitième, etc. Il y a plus; dans un morceau appartenant par son ensemble à tel mode plutôt qu'à tel autre, certaines phrases empruntées à un mode différent ou s'en rapprochant davantage, nécessiteront encore un accompagnement spécial. Voilà pourquoi il importe extrêmement que les élèves connaissent l'échelle de chaque mode et qu'ils en sachent par *cœur* la *finale* et la *dominante*. Ils devront aussi retenir de mémoire les accords propres à chaque échelle et en particulier ceux qui caractérisent les diverses formules.

Je leur conseillerai de s'exercer à harmoniser par *écrit* un certain nombre d'antiennes et de les jouer ensuite. Ce système est pratiqué à l'école de musique religieuse de Paris ; il a fait ses preuves, et il me semble difficile d'obtenir de bons résultats si on ne l'adopte.

Faux-bourdons. — La partie du plain-chant est suivie des *faux-bourdons* des psaumes qui en forment le complément le plus naturel et le plus pratique. Je les ai disposés à quatre voix mixtes et à trois voix d'hommes afin de les mettre à la portée de tous. J'ai mis le plain-chant, qui est un *chant*, à la partie supérieure pour qu'il ressorte davantage, contrairement à un système qui prévaut, hélas, depuis de longues années, et qui consiste à le cacher pour ainsi dire à la basse ou à toute autre partie secondaire.

Manière d'étudier. — De l'avis de tous les hommes d'expérience il y a avantage à travailler la partie du clavier sur le piano plutôt que sur l'orgue. Le piano est plus maniable, son clavier est plus doux que celui de l'orgue ; il n'a pas l'inconvénient, très grand pour les commençants, de la soufflerie. Enfin les sons se prolongent moins, ce qui rend plus supportables les fausses notes, toujours nombreuses au début.

Pour être sûr de réaliser de sérieux progrès à l'orgue il faut : 1° par jour, au moins une heure de travail qu'on divisera ainsi : dix minutes d'exercices à *mains posées*, (leçons 1, 2, 14, etc.), quinze minutes de gammes et d'arpèges et trente-cinq minutes de travail des études. Ce n'est là qu'un minimum ; combien nous souhaiterions qu'on pût consacrer trois heures à ces travaux !

2° On s'astreindra à suivre l'ordre des études sans en omettre aucune, et on ne passera jamais à la suivante avant que la précédente ne soit très bien sue.

3° J'engage les élèves à compter à *haute voix* selon le système proposé et j'estime que c'est pour eux une condition *sine quâ non* de succès.

4° On ne commencera l'étude du plain-chant qu'après avoir perfectionné son mécanisme et lorsqu'on comprendra suffisamment les principes d'harmonie jusqu'à l'accord de septième dominante exclusivement. Tout organiste qui ne ferait que reproduire les formules de sa méthode, sans posséder au moins les premières notions d'harmonie, ne sera jamais qu'une machine; il jouera sans intelligence, sans goût et souvent même d'une manière complétement incorrecte.

Choix de la musique. — La musique qu'on entend dans nos églises et chapelles de France est, il faut avoir le courage de le dire, généralement défectueuse et souvent même inconvenante. Ce sont des recueils de marches et de rigodons de toutes sortes, écrits par des musiciens d'occasion, ou bien encore ce sont des collections d'airs d'opéras plus ou moins bien choisis et que les hommes qui ont le sens de l'art religieux sont tout étonnés d'entendre en présence du Saint-Sacrement. Sans doute, la vraie musique d'orgue, même facile, est au-dessus du degré de force d'un grand nombre d'organistes; elle est écrite à plusieurs parties et exige les doigtés de substitution qui supposent de sérieuses études. Je me persuade que, grâce à ma méthode, on pourra acquérir le mécanisme nécessaire pour aborder, sans trop de présomption, les œuvres des compositeurs dont la nomenclature suit :

1° *L'organiste pratique* de Guilmant.

2° *Transcriptions des grands-maîtres.* Ce sera de la musique de Haydn, Mozart, Beethoven, Mendelssohn, Hummel, Bach. La transcription peut en être plus ou moins bien faite, mais la musique sera toujours excellente. J'en ai transcrit quelques morceaux très simples dans cet ouvrage ; je regrette que le trop grand nombre de matières à traiter m'ait empêché de les multiplier.

3° Les œuvres faciles de Couperin, Rameau, Martini, Rinck, Chauvet et Loret.

4° Les œuvres de Batiste et de Lefébure. (Le mieux est l'ennemi du bien, dit-on ; je puis donc parfaitement citer ces deux auteurs qui ne sont rien moins que classiques, mais dont le moindre morceau est un chef-d'œuvre en comparaison de ce qu'on joue d'ordinaire).

J'engage les élèves qui ne voudront pas dépenser inutilement leur argent, à choisir de préférence parmi les auteurs ci-dessus mentionnés, et à s'en tenir, sauf avis de juges compétents, à ce répertoire. Ainsi ils risqueront moins de manquer à cette prescription du concile de Trente : « *Ab ecclesiis vero musicas eas, ubi sive organo sive cantu, lascivum aut impurum aliquid miscetur... (ordinarii) arceant, ut domus Dei vere domus orationis esse videatur ac dici possit.* »

J.-B. BISCHOFF.

MÉTHODE D'ORGUE.

J. B. BISCHOFF.

Composition de l'Harmonium
et manière de s'en servir.

L'Harmonium se compose de quatre parties essentielles : l'*Anche*, le *Clavier*, la *Soufflerie* et les *Registres*. L'*Anche* est une lame en cuivre rivée à sa base et enfermée dans un *cadre* de même métal dans lequel elle paraît comme *découpée*. Pour que le son se produise, il faut que l'anche soit mise en vibration par un courant d'air formé par l'emploi de la soufflerie.

Le cadre qui entoure l'anche est fixé sur une petite *case*. Cette case est fermée par une soupape qui empêche l'air de pénétrer jusqu'à l'anche et de la faire vibrer. Chaque touche du clavier correspond directement à cette soupape. La touche, lorsqu'elle est enfoncée par le doigt de l'exécutant, soulève la soupape par un mouvement de bascule. L'air pénètre alors dans la case et repousse l'anche pour se frayer un passage. L'anche repoussée cherche incessamment par la force de résistance qui lui est propre à reprendre sa position première ; le vent l'en empêche : d'où les *vibrations* qui produisent le *son*.

Le *Clavier* a généralement une étendue de cinq octaves. L'attaque des touches se fait plus doucement qu'au piano ; mais il faut tenir la touche enfoncée dans toute sa profondeur pour que la soupape reste entièrement ouverte et que le son puisse se produire dans toute sa plénitude et toute sa pureté. Le *Clavier transpositeur* est un clavier mobile qu'on peut soulever dans toute son étendue à l'aide de deux boutons placés au-dessous des touches ; il peut être transporté de *droite à gauche* ou de *gauche à droite*, selon qu'on veut *baisser* ou *hausser* son morceau.

En arrière de l'octave du milieu se trouvent généralement fixés les noms de toutes les notes de cette octave. Lorsque chaque touche se trouve en regard du nom qui lui appartient, le clavier est dans sa position naturelle. Pour *transposer*, il faut d'abord soulever le clavier, puis le faire glisser dans un sens ou dans l'autre jusqu'à ce que la touche qui porte le nom du *ton écrit* se trouve en face de celui du ton dans lequel *on veut transposer*.

La Soufflerie se compose de deux *soufflets*, d'une *chambre à air* et d'un *réservoir*. Pour bien souffler, il faut appuyer les talons solidement ; avoir soin d'enfoncer chaque soufflet sans secousse, et de commencer à souffler avec chaque pied un peu avant que l'autre ait fini, afin d'éviter toute interruption dans les sons.

L'air fourni par les soufflets monte directement dans la *chambre à air*, sorte de boîte placée au-dessous des anches. Le *réservoir d'air* est placé entre les soufflets et la chambre à air. Il reçoit le trop-plein de celle-ci à laquelle il rend la quantité de vent qui peut lui faire défaut à un moment donné.

Quand on tire le registre d'*expression*, une soupape ferme le réservoir d'air ; alors l'air fourni par les soufflets pénètre directement jusqu'aux anches de telle sorte que la puissance du son dépendra exclusivement du plus ou moins de rapidité avec laquelle l'exécutant enfoncera les soufflets. En enfonçant les *pédales* très-lentement on obtient un son très-doux ; pour peu qu'on accélère, le son devient plus fort ; en soufflant avec un peu plus de vigueur on obtient le *forte* et le *fortissimo*. Souffler dans ces conditions (avec le registre d'expression) devient chose difficile à cause de la suppression du réservoir d'air ; c'est surtout alors qu'il est indispensable de commencer le mouvement *descendant* d'un pied avant de commencer le mouvement *ascendant* de l'autre. Si les soufflets venaient à s'arrêter seulement une seconde il y aurait interruption dans le son.

A moins d'être d'une habileté exceptionnelle, on fera bien de ne jamais tirer l'*expression* concurremment avec le *grand jeu*, la chambre à air ne pouvant que difficilement alimenter à elle seule tous les jeux de l'instrument.

On appelle *registres* les boutons mobiles placés au-dessus et quelquefois au-dessous du clavier. Le registre appelé *grand jeu* est placé soit au milieu, au-dessus du clavier, soit dessous. Dans beaucoup d'instruments, le grand jeu se trouve sous le clavier sous la forme d'une *genouillère* qu'on ouvre en la poussant du genou de droite à gauche.

Le registre d'*expression* a sa place au milieu des autres registres. Quelquefois cependant il est placé sous le clavier, ce qui est fort peu commode.

On nomme *jeu* une série d'anches d'un timbre particulier. Il n'y a pas de séries d'anches qui correspondent à toutes les touches du clavier, c'est-à-dire qu'*il n'y a pas de jeux entiers*.

Mais le clavier se divise en *demi-jeux*. Il y a les *demi-jeux de droite* représentés par les registres qui se trouvent à la droite du clavier (à partir de l'expression ou du grand jeu). Ils commencent au *fa* du milieu.

Les *demi-jeux de gauche* sont représentés par les registres qui se trouvent à la gauche du clavier. Ils partent de la note la plus basse pour arriver au *mi* du milieu.

Ces demi-jeux se divisent en trois catégories :

1° Les demi-jeux appelés, en termes de facture d'orgue, *jeux de huit pieds ;* ils rendent les sons naturels du diapason ;

2° Les demi-jeux *de seize pieds* qui donnent le son à une octave plus bas que ceux de huit ;

3° Les demi-jeux *de quatre pieds* dont le son est, au contraire, d'une octave plus aigu que celui des huit pieds.

Pour faire l'expérience de ces diverses octaves, on n'a qu'à enfoncer le *la* du milieu du clavier ; on tirera ensuite successivement et isolément la *flûte*, la *clarinette*, le *fifre* ou le *flageolet*. On obtiendra ainsi trois *la* différents pour une même touche.

Remarque importante. — Si l'on joue des morceaux en accords ou à plusieurs parties concordantes, il est absolument nécessaire que les demi-jeux d'un côté soient au même diapason que ceux de l'autre. Si l'on s'avisait d'employer un seize pieds de droite sans en mettre à gauche, les notes basses se trouveraient souvent au dessus des parties supérieures, ce qui est contraire aux lois fondamentales de la musique. De même si l'on tirait un seize pieds à gauche sans en tirer à droite, les dessus seraient couverts par un bourdonnement qui empêcherait de les entendre.

On remarquera que certains registres portent, outre le nom de l'instrument dont ils sont censés reproduire le timbre, les numéros d'ordre 1, 2, 3, 4, 5 (selon l'importance de l'instrument). Ces numéros sont les mêmes des deux côtés du clavier. Chaque numéro de gauche répond au même numéro de droite et réciproquement. Les deux réunis forment un *jeu complet* quoique portant deux noms différents.

Disposition ordinaire des registres.

          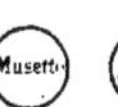 

L'emploi de tel numéro d'un côté entraîne forcément celui du même numéro du côté opposé.

La *musette* et la *voix céleste* sont tantôt de 8 pieds tantôt de 16. Ils n'ont généralement pas de numéros correspondants. Il en est de même de l'*euphone*, de la *harpe éolienne* et de tant d'autres jeux de fantaisie. Si l'on voulait jouer un *solo* avec un des demi-jeux de 16 pieds de droite, soit la clarinette, la musette ou la voix céleste, on pourrait parfaitement l'accompagner avec un demi-jeu de 8 pieds de gauche, mais à la condition que les notes de l'accompagnement ne dépassassent jamais le *mi* du milieu, dernière note des jeux de gauche.

La *Sourdine* a pour effet d'adoucir les demi-jeux de gauche.

Les registres Forte servent à augmenter à volonté la force des basses ou des dessus.

Les *registres à ouvrir* sont indiqués dans la musique d'harmonium par les numéros qui leur correspondent :

Au-dessus de la portée supérieure pour les demi-jeux de droite.

Au-dessous de la portée inférieure pour les demi-jeux de gauche.

① ④ veut dire : *Tirez* la flûte et le hautbois.

Ⓧ Ⓚ signifie : *Fermez* la flûte et le hautbois.

Le grand-jeu ou Ⓖ est toujours placé entre les deux portées.

NOTA. — Nous recommandons aux personnes qui auraient l'intention d'acheter un harmonium, de choisir de préférence un instrument dans lequel les jeux de 8 pieds dominent. Nous avons trouvé des harmoniums de 6 jeux renfermant 3 et 4 jeux complets de 16 pieds. Ce sont de vrais *bourdons* dont on ne peut saisir le moindre son. Trop de 4 pieds nuisent également au grand-jeu par leur timbre criard et *rinaigre*.

PREMIÈRE PARTIE

Étude du clavier, du mécanisme, de la mesure, des tonalités.

PREMIÈRE LEÇON.

Position du bras et de la main. — Beaucoup d'organistes tiennent, en jouant, les bras très-éloignés du corps, ce qui raidit leurs doigts autant que leur personne en devient disgracieuse. Tenez au contraire vos bras de façon à ce qu'ils touchent légèrement le corps. Le poignet doit être élevé au-dessus des touches noires. Quant aux mains, elles seront arrondies et franchement placées *sur* le clavier et non en *dessous*.

Qu'on surveille surtout le pouce que la plupart des élèves tiennent beaucoup trop bas et qui fait de véritables contorsions à chaque note qu'il doit jouer. Les autres doigts seront légèrement *courbés*, de façon à ce qu'ils n'attaquent la touche que par le bout. Nous aurons soin de répéter cette dernière observation plusieurs fois dans le cours de notre méthode, car l'expérience nous a démontré qu'avec des doigts allongés, aplatis, on n'atteindra jamais le moindre résultat, même avec la meilleure volonté.

Manière de souffler. — Enfoncez chaque soufflet doucement et aussi profondément que possible. Laissez-le remonter subitement. Les deux soufflets ne doivent jamais fonctionner en même temps. Le second ne se mettra en mouvement que lorsque le premier sera *sur le point de s'arrêter.*

Jeux. — En attendant les morceaux qui demandent des jeux particuliers, qu'on se contente, à droite de la *flûte*, et à gauche du *cor anglais;* (on peut y ajouter les *forte*).

L'exercice suivant qui est le plus élémentaire, est aussi le plus important. D'habiles artistes ne dédaignent pas de le pratiquer de temps à autre et quelquefois des heures entières : ils y trouvent un moyen de conserver sinon, de développer, la force et l'égalité de leurs doigts. Les commençants devant *acquérir* ces deux qualités éminemment nécessaires, le travailleront avec le plus grand soin, en se conformant scrupuleusement à la règle concernant la tenue des bras et des mains.

Remarque. — Il faut éviter en jouant de regarder constamment ses mains. Si chaque doigt se trouve bien placé au-dessus de la touche correspondante, il suffit d'appuyer cette touche; on jouera juste sans qu'il soit besoin de vérifier de l'œil à chaque instant. Cependant l'on peut se permettre d'observer ses mains de temps à autre pour en rectifier la tenue.

Dorgé. — Les mêmes chiffres correspondent aux *mêmes* doigts de chaque main ; le 1 indique le pouce, le 2 l'index, etc.

Répétez ce premier exercice 10 fois et *lentement.*

Dix fois chacun des numéros suivants :

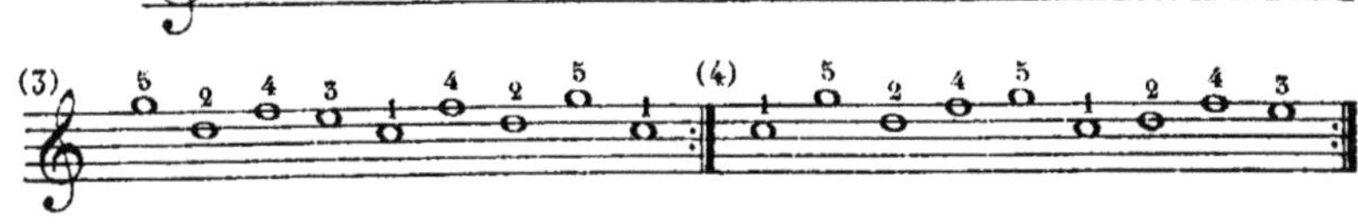

Ces exercices, quoique peu nombreux, seront suffisants pour former la main, pourvu que l'élève consente à les travailler *tous les jours* pendant les premières semaines d'étude. Il ne les abandonnera que quand il les jouera *facilement* et sans contorsions de la main.

DEUXIÈME LEÇON.

Afin de ne pas accumuler les difficultés qui résultent pour l'élève de la lecture des notes dans deux clefs différentes, du doigté et de la mesure, nous emploierons dans nos premiers exercices la clef de *sol* pour les deux mains. Ce sera une difficulté de moins pour commencer ; l'élève, moins préoccupé de la lecture de ses notes en deux clefs différentes, pourra mieux soigner son doigté et sa mesure.

Ce système que nous suivons pour l'enseignement du piano nous a valu les meilleurs résultats.

Exercices pour la *main gauche.* Chacun dix fois et *lentement.*

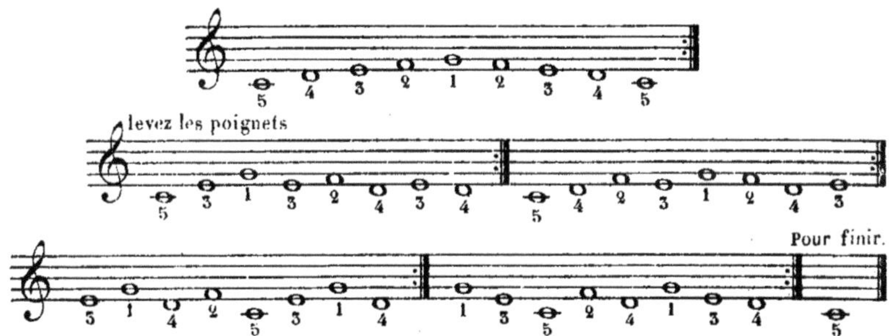

TROISIÈME LEÇON.

A DEUX MAINS. — Nous ne proposerons à nos élèves aucun exercice où les deux mains jouent à l'unisson, c'est-à-dire les mêmes notes. L'expérience nous a démontré tous les inconvénients de ce système qui habitue trop les mains à des mouvements semblables. Or, les mouvements contraires étant les plus nombreux et les plus difficiles, nous tenons à y préparer les élèves dès ces premières leçons.

Pour vaincre les difficultés que ne manquera pas de produire l'exercice suivant, quelque simple qu'il paraisse, nous conseillons à l'élève d'en travailler *chaque partie séparément*, puis de l'essayer *très-lentement* à 2 mains et autant que possible *sans regarder son clavier*. Cette manière d'étudier est de beaucoup la meilleure ; ceux qui la suivront dans le cours de cet ouvrage feront des progrès réels et rapides.

Afin de donner une égale durée à toutes les notes, nous les séparons l'une de l'autre par une barre horizontale, et l'on *comptera* distinctement à *haute voix* et à intervalles égaux les chiffres 1, 2, 3, 4, pendant toute la durée desquels on tiendra chaque note, de façon à ne changer de note qu'à chaque n° 1.

Qu'on se *garde* surtout, si l'on ne veut pas devenir un tapoteur, *de lever la main* d'une touche à l'autre et de ne produire ainsi que des sons détachés (voir la préface). Le bon organiste joue de façon à remplacer immédiatement un doigt par l'autre, c'est-à-dire qu'au moment où il lève le premier sur *do* par exemple, le deuxième est déjà prêt à descendre sur *ré*, etc.

(Montez les pouces sur le clavier et arrondissez les doigts).

QUATRIÈME LEÇON.

Temps. — Mesures.

En musique, on appelle *temps* une longueur de son donnée, servant à mesurer tous les sons d'un même morceau, selon la forme de la note qui les représente. Le chef d'un orchestre, d'une maîtrise, d'un orphéon, indique chaque temps par un mouvement de bras. Ce mouvement est plus ou moins rapide selon le caractère du morceau ; mais on doit le conserver invariable jusqu'à la fin du morceau, (à moins d'indications contraires).

Le temps dure aussi longtemps que le bras est en mouvement ; le changement de direction du bras entraîne le changement du temps.

Le meilleur moyen de marquer les temps, est de *compter à haute voix* ainsi que nous l'avons dit précédemment. Dans l'intérêt de l'élève nous lui recommandons de s'imposer de préférence un mouvement *lent*, d'espacer par conséquent les temps marqués par 1, 2, 3, 4, *afin de se ménager le plus de temps possible pour préparer les notes suivantes.*

On représente le plus communément le temps sous la forme suivante :

Toute note ainsi formée s'appelle une *noire*. La *noire* est donc l'unité du *temps*.

La durée de la noire est divisible, ainsi que toute durée, en deux moitiés.

Chaque moitié ou *demi-noire* se figure ainsi :

et s'appelle *croche*.

On peut également produire des sons ayant une valeur double ou quadruple de la noire.

La valeur double de la noire se représente ainsi :

Elle s'appelle *blanche* et vaut par conséquent 2 temps, 2 mouvements de bras, 2 chiffres en comptant.

Le quadruple de la noire s'appelle *ronde*.

Voici sa forme : o

Elle se tient pendant la durée de 4 mouvements de bras, marqués le premier en descendant, le deuxième à gauche, le troisième à droite et le quatrième en levant.

Il nous semblerait plus naturel, contrairement au système communément employé, de traiter d'abord de la mesure la moins longue, c'est-à-dire de celle à 2 temps ; mais nous craignons que la durée de 2 temps ne suffise pas toujours à l'élève commençant, pour préparer les notes dont la succession serait alors peut-être trop rapide.

Nous commencerons donc par la mesure à 4 temps qu'on annonce à la clef par la lettre C ou par $\frac{4}{4}$

Il faut étudier l'exercice suivant comme le précédent, c'est-à-dire *lentement* et en *comptant* également.

RONDES valant 4 temps.

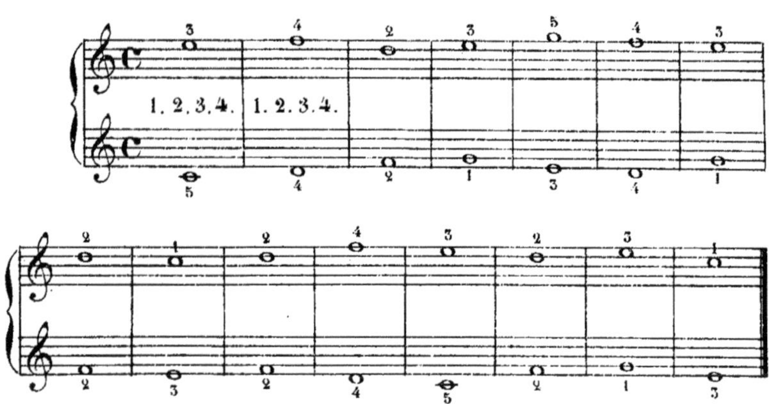

CINQUIÈME LEÇON.

Blanches.

Nous avons parlé plus haut de la *blanche;* sa valeur est de deux temps; elle est à la fois le double de la noire et la moitié de la ronde.

Chaque ronde peut être remplacée par les 2 blanches qui la valent; par conséquent on comptera 1, 2, pour la première, et 3, 4, pour la seconde, sans rompre l'égalité entre les temps. — La ronde de la main gauche se tiendra toute la mesure.

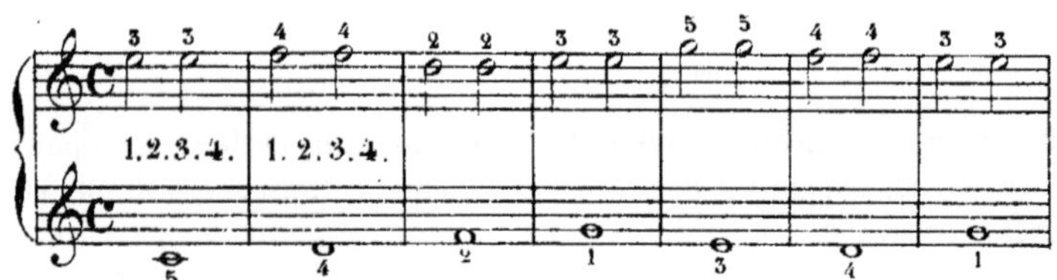

SEPTIÈME LEÇON.

L'exercice suivant est le résumé des précédents. Dans certaines mesures on trouvera des blanches aux deux mains, et l'on aura soin de les jouer avec le plus parfait ensemble.

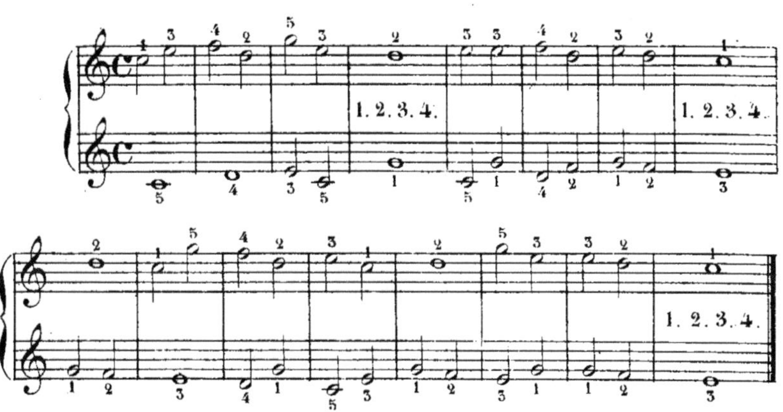

HUITIÈME LEÇON.

Nous pouvons dès maintenant apprendre à jouer deux notes (1) à la main droite. Les deux touches doivent être enfoncées avec ensemble et égalité. Il sera bon d'étudier d'abord la main droite seule.

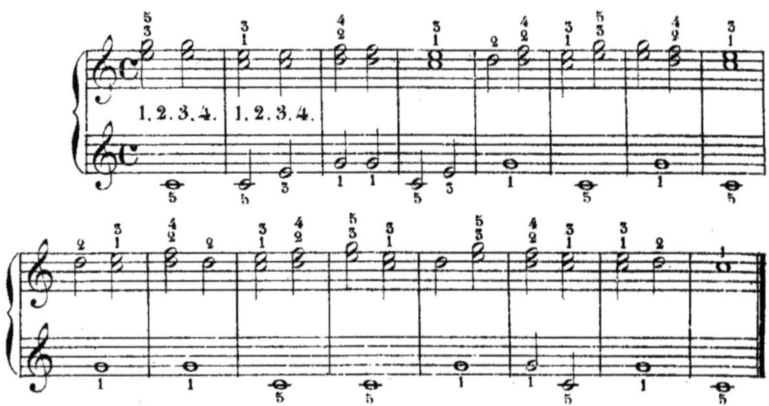

NEUVIÈME LEÇON.

Dans l'exercice suivant, c'est la main gauche qui doit jouer deux notes à la fois. Il faut l'exercer seule d'abord, afin d'apprendre à enfoncer les deux touches comme s'il n'y en avait qu'une.

DIXIÈME LEÇON.

Arrivé à ce point, l'élève doit être suffisamment familiarisé avec les valeurs de la ronde et de la blanche dont nous nous sommes servis exclusivement jusqu'ici.

(1) Ces deux notes s'appellent des *tierces*.

Nous avons déjà parlé plus haut de la *noire* que nous considérons comme l'*unité temporaire* et dont la ronde et la blanche sont, celle-ci le double, celle-là le quadruple. Dans l'exercice suivant on trouvera, dans chaque mesure, quatre noires à une main ou à l'autre. Il sera très-facile de jouer chacune d'elles au fur et à mesure que l'on comptera 1, 2, 3, 4. L'égalité entre les temps devient plus que jamais nécessaire. On fera exactement 4 *noires* pour une *ronde* et 2 pour une *blanche*.

Dans les études précédentes l'élève ne s'est exercé que sur cinq notes, ce qui lui a permis de tenir constamment ses deux mains dans leur position naturelle puisque chaque doigt correspondait à une de ces notes. A partir de l'exercice suivant les cinq notes seront dépassées d'un degré inférieur à la main gauche et d'un degré supérieur à la main droite. La main gauche jouera donc du *si* au *sol* et la main droite du *do* au *la*.

On comprend sans peine que dès qu'on sort des cinq notes il n'existe plus de doigté régulier et particulier à chaque touche. Aussi longtemps qu'on ne se servira pas des touches noires il convient de mettre le cinquième doigt et le pouce sur chacune des notes extrêmes de l'intervalle qu'on joue. Pour les autres notes on doit chercher le doigté qui dérange le moins la main dans son mouvement.

Supposons que la main gauche ait à jouer les notes *si do ré sol*.
Ou y mettra le doigté suivant   SI DO RÉ SOL
                                5   4   3   1

En mettant le troisième doigt sur le *do* (nous l'avons vu faire) le quatrième doigt dont la place est toute marquée sur cette touche se tiendra fort au-dessus des autres doigts dans une position si embarrassée qu'il raidira toute la main.

D'ailleurs nous aurons soin de marquer le doigté à toutes les notes, jusqu'à ce que nous croyions l'élève assez familiarisé avec son clavier pour pouvoir s'en passer.

ONZIÈME LEÇON.

Noires. — Blanches pointées.

Le point qui suit une note, prolonge la durée de cette note de la moitié de sa valeur. Sachant que la blanche vaut deux temps, le point en vaudra un ; par conséquent on comptera *trois temps pour la blanche pointée.*

DOUZIÈME LEÇON.

Notes nouvelles. — Silences.

L'élève trouvera dans l'exercice suivant les notes nouvelles :

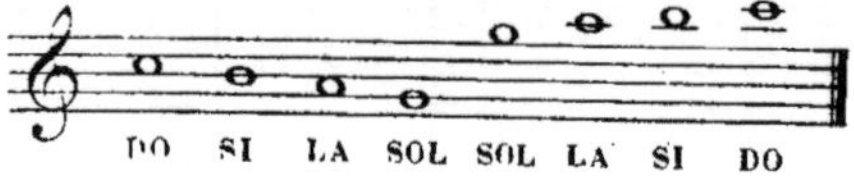

L'emploi de ces notes entraînera quelques doigtés particuliers qu'il faudra scrupuleusement observer.

Chaque valeur de note a un *silence équivalent*. Le silence qui correspond à la blanche s'appelle une *demi-pause* et se marque au-dessus de la troisième ligne.

Le *soupir* correspond à la noire. Il est urgent de compter à haute voix les temps *vides* représentés par ces silences et de leur donner *toute la durée* des notes qu'ils remplacent.

TREIZIÈME LEÇON.

Même exercice avec quelques notes nouvelles à la main gauche.

Les lettres D. C. signifient *du commencement*, en italien, *Da Capo*, c'est-à-dire qu'on reprend le morceau de la première mesure jusqu'au mot *fin*.

QUATORZIÈME LEÇON.

Avant d'aborder l'étude suivante, l'élève devra travailler les exercices qui la précèdent, afin de se préparer au *passage du pouce*, une des grandes difficultés tant de l'orgue que du piano.

(1) On appelle reprise, une série de notes ou de mesures, terminée par une double barre précédée de deux points. Les 2 points indiquent que la reprise du côté où ils se trouvent doit être répétée.

Dans les premières mesures de l'étude précédente on trouve à la main gauche une ronde devant la noire; ces deux notes n'en forment qu'une; la ronde doit être *tenue* pendant toute la mesure, et la noire n'est là que pour *figurer* le premier temps de l'accompagnement en noires.

QUINZIÈME LEÇON.

Ainsi que la ronde et la blanche, la noire a une valeur naturellement divisible en deux moitiés très égales. Chacune de ces moitiés s'appelle *croche* et affecte une des formes suivantes :

Les élèves ont en général le très grand défaut de jouer les croches trop vite, de telle façon que les temps remplis par deux croches sont moins longs que ceux qui se composent d'une noire. Pour maintenir l'égalité entre tous les temps d'une mesure il est nécessaire d'affirmer non seulement chaque temps (par un, deux, trois, quatre), mais encore les demi-temps; de la sorte l'élève au lieu de n'avoir que quatre points d'appui en aura huit. Nous avons adopté pour atteindre ce but les huit syllabes suivantes qui ont le double avantage de tenir présent à l'esprit de l'élève l'ordre des temps, et de lui indiquer le mouvement des croches, et nous disons : U-NEU DEU-SEU TROI-SEU QUA-TREU. Chaque syllabe entraîne ainsi sa croche.

Quand il se présente une noire il faut donc la tenir pour deux syllabes.

SEIZIÈME LEÇON.

Noires pointées.

Le point qui suit une note, avons-nous dit précédemment, a la moitié de la valeur de cette note. Donc le point qui suit une noire vaut une demi-noire ou une croche; donc la noire pointée vaut un temps et demi ou trois croches. On comptera par conséquent pour chaque noire pointée trois syllabes.

DIX-SEPTIÈME LEÇON.

Accidents. — Fa dièse.

Les touches blanches du clavier représentent les notes *naturelles* de la gamme. Les touches noires représentent quelques-unes de ces notes à l'état *altéré*. On altère une note en la haussant d'un demi‑ton et alors on la fait précéder d'un ♯ ou en la baissant d'un demi-ton : dans ce cas, elle est précédée d'un ♭.

La note diésée se trouve à la droite de la note naturelle et la note bémolisée à sa gauche. C'est la note *fa* qui se trouve diésée dans l'exercice suivant. Quand une note altérée se reproduit plusieurs fois dans la même mesure, le signe altératif ne se pose que devant la première note altérée.

Si, après y avoir été altérée, une note doit revenir dans son état naturel dans la même mesure, on la fait précéder d'un ♮ bécarre.

DIX-HUITIÈME LEÇON.

La valeur de chaque croche est divisible en deux moitiés qui s'appellent des doubles-croches; ce nom, qui paraît un contre-sens, leur vient, non de leur valeur qui est bien la moitié d'une croche, le $\frac{1}{4}$ d'une noire, le $\frac{1}{8}$ d'une blanche et le $\frac{1}{16}$ d'une ronde, mais seulement des doubles crochets qui les distinguent de la croche et de la noire.

Il est impossible d'exécuter les doubles-croches selon leur juste valeur, sans compter à haute voix d'après le système précité. On continuera donc de compter, en prenant pour base de la mesure la croche que chaque syllabe *doit entraîner régulièrement avec elle*. Chaque croche valant deux doubles-croches, il en sera de même de la syllabe, et l'on s'appliquera à faire couler deux doubles-croches d'une syllabe à l'autre.

Pour faciliter l'étude de la leçon suivante, nous marquons les syllabes par des croches, à la main gauche.

DIX-NEUVIÈME LEÇON.

On tâchera de donner aux doubles-croches de la main gauche un mouvement très-égal, en comptant *fort* et en tenant la *main entière* sur le clavier, les doigts étant légèrement arrondis. Quand des doubles-croches se rencontrent en même temps aux deux mains il faut les articuler ensemble.

On trouvera ci-après deux nouveaux dièses : le *do* ♯ et le *sol* ♯ qu'on jouera le 1er à la droite du do, le 2e à la droite du sol.

VINGTIÈME LEÇON.

Le silence ⅞ s'appelle *demi-soupir* et équivaut à une croche; il vaut donc aussi une syllabe.

Allegro de la 3me Sonate de Clementi.

u neu deu seu troi seu qua treu
u neu deu seu troi seu qu treu

VINGT-ET-UNIÈME LEÇON.

Arrivé à ce point de la méthode l'élève doit être parfaitement familiarisé avec les notes de la clef de *sol*, la mesure et le doigté. Rien ne s'oppose donc à ce que nous entreprenions l'étude des notes de la clef de *fa*. Cette clef qui est spécialement destinée à la main gauche embrasse à peu près la moitié de l'étendue du clavier.

Le *fa* se trouve sur la quatrième ligne entre les deux points.

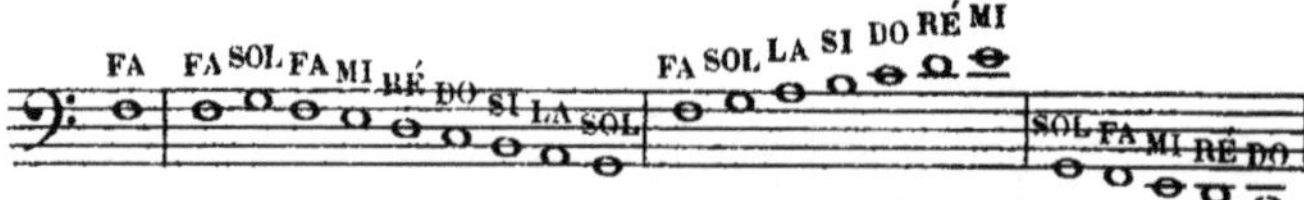

REMARQUE IMPORTANTE. — Le *fa*, 4e ligne, est le même sur le clavier que celui de la clef de *sol* ainsi marqué ≡ De même le *do* placé au-dessus de la clef de *fa* se rencontre sur la même touche avec celui qui est au-dessous de la clef de *sol*.

Donc le *do*, première note de la main gauche de l'étude suivante est le premier à gauche de celui qui est au-dessous de la portée de la clef de *sol*.

GAMMES ET ARPÈGES. — L'étude des gammes et des arpèges est un excellent travail de mécanisme pour les doigts. Il faudra donc étudier avec soin, c'est-à-dire *lentement* d'abord et en levant beaucoup les doigts, la gamme et l'arpège de *do* ainsi que tous ceux qu'on trouvera plus loin. *Le passage du pouce doit s'effectuer sans raideur et d'une façon inaperçue.*

VINGT-DEUXIÈME LEÇON.

MESURE A 2 TEMPS. — Outre le changement de clef à la main gauche, l'étude suivante renferme une mesure nouvelle, celle à 2 temps ainsi marquée $\frac{2}{4}$ Cette mesure ne présente aucune difficulté. Au lieu de compter quatre temps on se contentera des syllabes *u-neu, deu-seu.*

VINGT-TROISIÈME LEÇON.

Le petit morceau suivant n'offre aucune difficulté de mesure; c'est une étude de mécanisme qui exige une bonne tenue des mains et beaucoup d'articulation dans les doigts; qu'on ait soin surtout de lever les doigts aussi haut que possible afin d'éviter toute confusion dans le son.

VINGT-QUATRIÈME LEÇON.

La première espèce de mesure que nous avons étudiée était composée des $\frac{4}{4}$ de la ronde ou de la ronde entière ; la seconde espèce ne comprenait que les $\frac{2}{4}$ de la ronde, ou 2 noires. Voici une nouvelle espèce qui renferme les $\frac{3}{4}$ de la ronde, c'est-à-dire trois temps dont chacun se compose d'une noire. Nous établissons en outre comme règle que lorsque *deux mêmes notes* sont jointes l'une à l'autre par le signe ⌒ qu'on appelle *liaison, on n'articule pas la seconde, mais on la tient.* On trouvera dans les deux études suivantes quelques dièses nouveaux ainsi que quelques bémols ; le *bémol* représente la note naturelle baissée d'un demi-ton ; il se trouve sur le clavier à la gauche de celle-ci.

Avant d'aborder l'étude il faudra travailler l'exercice (1) suivant dont chaque reprise sera dite 10 *fois.* Les notes longues, *rondes* ou *blanches* seront enfoncées profondément tandis que les croches seront articulées vigoureusement.

(1) Il faudra travailler ces exercices tous les jours pendant un quart d'heure.

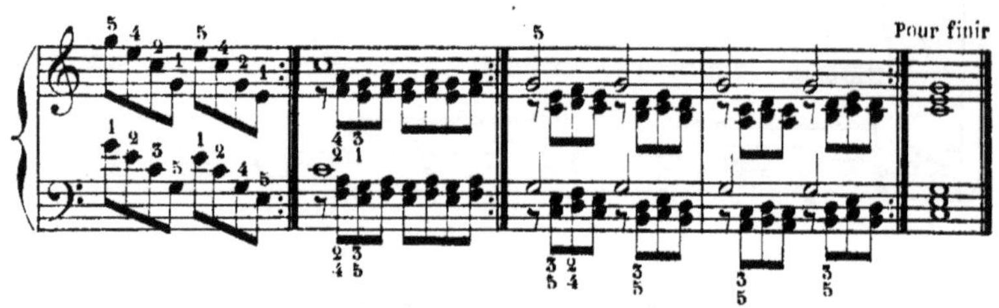

MOUVEMENTS ET NUANCES. — Ce n'est pas encore le moment d'observer ni les uns ni les autres. Que l'élève se contente de jouer correctement la note et d'observer rigoureusement le doigté et la mesure. Plus tard, quand il aura travaillé les études concernant la soufflerie, il pourra revenir sur ces premières leçons, les nuancer, et les jouer en guise de *versets*, selon le mouvement indiqué.

(1) Le mot italien *ritardando* signifie *en retardant le mouvement* insensiblement et de plus en plus jusqu'au mot *a tempo*, où l'on reprend le premier mouvement.

VINGT-CINQUIÈME LEÇON.

Dans l'étude suivante la main droite doit jouer deux parties de chant très-distinctes, dont l'une tient souvent des notes longues, tandis que l'autre produit plusieurs notes. Il est urgent de donner aux longues toute leur valeur.

(1) Les chiffres entre parenthèses indiquent les changements de doigts qu'il faut exécuter rapidement sur une même touche, sans qu'elle se lève.

VINGT-SIXIÈME LEÇON.

Nous rappelons que le dénominateur 8 indique que le temps se compose d'une croche. La mesure à $\frac{3}{8}$ est donc une mesure à trois temps aussi bien que celle à $\frac{3}{4}$, seulement au lieu de compter un temps pour la noire on le comptera pour la croche, et par conséquent 2 temps pour la noire et 3 pour la noire pointée. Il faudra également deux doubles-croches pour un temps; chacune d'elles correspondra à une syllabe, dans la décomposition de la mesure.

A la dernière mesure on trouvera le signe ⌢ sur l'accord de *sol*. Ce signe s'appelle *point d'orgue*. La note qu'il surmonte doit être soutenue au-delà de sa durée réelle, selon le goût de l'exécutant.

Les petites virgules placées *au-dessus* de certaines notes abrègent la durée de ces notes de la moitié de leur valeur.

Ces notes seront enlevées rapidement.

Les groupes de notes réunies par le signe ⌣ appelé *liaison* seront exécutés d'une façon liée, c'est-à-dire sans vide entre les notes.

Air Suisse de Clementi.

D.C.

VINGT-SEPTIÈME LEÇON.

La mesure à $\frac{6}{8}$ dont nous allons nous occuper ne peut être autre chose que le double de celle à $\frac{3}{8}$; comme dans cette dernière, le temps s'y compose d'une croche, et si tout à l'heure le numérateur 3 indiquait trois temps, l'on ne peut douter que dans la mesure à $\frac{6}{8}$ le 6 indique six temps. Cependant, dans la plupart des solfèges, il est dit que la mesure à $\frac{6}{8}$ est une mesure à *deux* temps. S'il en était ainsi, il faudrait enseigner aussi que la mesure à $\frac{3}{8}$ est une mesure à *un* temps ; car si 6 veut dire 2, 3 signifiera forcément 1. Nous rejetons cet enseignement *par routine* et nous maintenons que la mesure à $\frac{6}{8}$ est une vraie mesure à *six* temps pour laquelle on compte, *un, deux, trois, quatre, cinq, six* ; on peut la battre comme une double mesuré à trois temps, ce qu'elle est en effet.

Nous savons fort bien que quand le mouvement de cette mesure est très-vif, il est impossible au bras le plus agile de frapper les 6 mouvements, et que dans ce cas on se contente de deux mouvements, l'un *frappé* et l'autre *levé*, pour chacun desquels on exécute trois temps. Ce n'est là qu'une question de commodité pour un chef d'orchestre. Cette manière de réduire le nombre des mouvements existe pour d'autres mesures que celle à $\frac{6}{8}$ dans certains *presto* à $\frac{3}{4}$ de Beethoven, par exemple, le mouvement est si rapide qu'on ne peut frapper qu'un mouvement par mesure ; s'en suivrait-il aussi que la mesure à $\frac{3}{4}$ est une mesure à un temps ?

Nous compterons donc 6 temps et en décomposant, *u neu, deus eu, trois eu, quatr eu, cin queu, six eu,* en cas de besoin.

VINGT-HUITIÈME LEÇON.

Cette leçon offre à l'élève l'étude des accords. La main droite doit enfoncer les trois touches *profondément et sans l'aide du bras.* Il faut surtout compter à haute voix, le rhythme changeant plusieurs fois.

VINGT-NEUVIÈME LEÇON.

Comme les mesures, les temps ont aussi leur double division : la *binaire* et la *ternaire*.

Ainsi, la blanche peut être divisée en *trois* noires au lieu de *deux*; la noire en trois croches au lieu de deux, la croche en trois doubles-croches au lieu de deux. Cette division ternaire du temps ou du demi-temps est toujours annoncée par un petit 3 qui surmonte le groupe des trois notes. Ex

Ces groupes s'appellent *triolets*.

Les deux premières croches du triolet sont quelquefois remplacées par une noire, ce qui donne le groupe suivant Dans ce temps, la noire ne vaut que les $\frac{2}{3}$

Avant d'aborder l'étude suivante, l'élève devra travailler les exercices préparatoires qui l'habitueront à l'exécution des tierces (intervalles de trois notes.)

Pour bien lier les tierces, les deux doigts qui sont enfoncés doivent se lever juste au moment où les deux suivants vont s'abaisser à leur tour, de telle sorte qu'on n'entende plus la première tierce quand la seconde frappe et qu'il n'y ait pas non plus d'intervalle entre l'une et l'autre.

Étude sur les Tierces.

TRENTIÈME LEÇON.

Dans la leçon suivante la main gauche exécute un accompagnement en triolets dont l'usage est très fréquent.

Moderato

CLEMENTI

di _ mi _ nu _ en _ do
f

DES DIVERS TONS. — Que signifie cette expression : être dans un ton? Par exemple être en *do*, en *sol*, en *fa*?

Un morceau est dans tel ou tel ton lorsqu'il est composé des notes de la *gamme* de ce ton. Ainsi un morceau fait avec les notes de la gamme de *do* sera en *do*, etc. Il arrive souvent que les notes de la gamme par laquelle un morceau a commencé sont momentanément remplacées dans le courant du morceau par celles d'une ou de plusieurs autres gammes. Le morceau n'en sera pas moins dans le ton du commencement qui doit être aussi celui de la fin.

Chaque ton a pour base une gamme particulière. Établissons de suite qu'il y a deux sortes de gammes : les *majeures* et les *mineures*. Quand le troisième degré de la gamme est distant du premier, de deux tons entiers, la gamme est majeure ; quand au contraire cet intervalle n'est que d'un ton et demi la gamme est mineure.

Il existe un *type spécial et unique* pour chacune des catégories de gammes mentionnées.

Type des gammes majeures
Composées de cinq tons entiers et de deux demi-tons.

Type des gammes mineures.

Les 2 dièses qui figurent dans la gamme de *la* mineur étonneront peut-être quelques élèves ; voici leur raison d'être :

1° Aucune gamme n'est possible sans note *sensible*, c'est-à-dire sans que la 7ᵉ note ne soit éloignée de la 8ᵉ que d'un demi-ton, *d'où le sol* ♯ ; 2° Les intervalles d'un ton et d'un demi-ton sont les seuls admis dans la composition des gammes tant mineures que majeures. Or, de *fa* naturel à sol ♯ il y a *un ton et demi*, intervalle trop grand et qu'on réduira à 1 ton en haussant le *fa*, *d'où le fa* ♯ A ces deux raisons déjà bien suffisantes nous en ajoutons une troisième au moins aussi concluante : le mode mineur ne se distingue du majeur que par la tierce. La gamme mineure doit donc être en montant exactement comme la majeure, excepté la tierce. Or en *la* majeur il y a 3 dièses : *fa, do* et *sol*. Effaçons donc le *do* ♯ et laissons les deux autres. En *descendant*, les ♯ des 7ᵉ et 8ᵉ degrés n'ont plus de raison d'être. La 7ᵉ note n'est *sensible* que lorsqu'elle est *suivie* de l'octave. Or en descendant elle en est précédée : *la, sol ;* et le *sol* n'étant plus diésé, le *fa* n'a plus besoin d'être haussé à son tour pour régulariser l'intervalle du 6ᵉ au 7ᵉ degré.

En un mot, la gamme mineure se joue en *descendant* avec les notes de sa relative majeure.

Nous ne saurions recommander la formule suivante qui est beaucoup moins correcte et que les professeurs abandonnent de plus en plus.

Forme moins correcte de la gamme mineure.

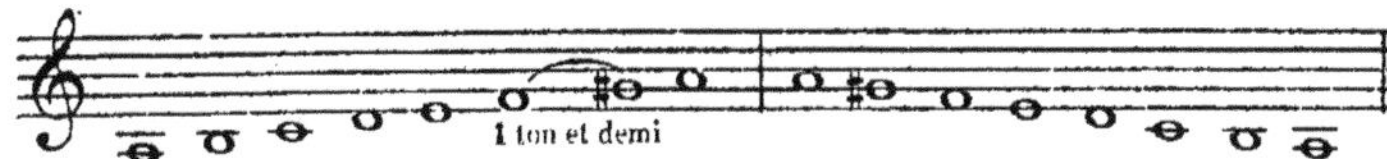

Cette gamme dont l'exécution est difficile pour les voix devient impossible dans un mouvement rapide.

SUCCESSION ET FORMATION DES GAMMES. — La gamme est composée de deux moitiés parfaitement semblables, au point de vue des intervalles.

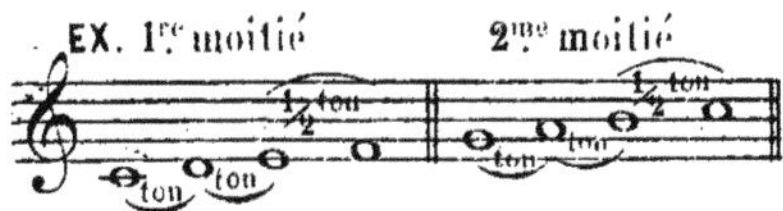

Cette parfaite ressemblance permet de substituer la 2me moitié à la 1re et d'en faire le commencement d'une nouvelle gamme.

On complètera cette gamme par l'addition des quatre notes suivantes, nécessaires pour parfaire l'octave.

La seconde moitié de cette dernière gamme, on le voit, est loin d'être constituée comme la première. Il est nécessaire toutefois, qu'il y ait identité parfaite entre les deux et pour cela il faut agrandir l'intervalle du 6e au 7e degré, qui est trop petit, et diminuer celui du 7e au 8e degré qui est trop grand. On obtient ce double résultat en haussant le 7e degré d'un ½ ton; par la même opération ou l'éloigne à la fois du 6e degré et on le rapproche du 8e.

Les gammes se succèdent ainsi de cinq en cinq notes en montant, la cinquième note de chacune d'elles pouvant devenir le point de départ d'une nouvelle gamme. Afin de rétablir un ordre d'intervalles parfaitement conforme à celui de la *gamme-mère*, il sera nécessaire de hausser toujours la 7e note d'un $\frac{1}{2}$ ton. Le nombre des ♯ ira donc en augmentant pour les huit premières gammes qui sont celles de *do, sol, ré, la, mi, si, fa* ♯ *do* ♯ . Ces deux dernières sont souvent remplacées par leurs équivalentes *sol* ♭ (1) et *ré* ♭

A partir de *ré* ♭ les gammes ont leurs notes exclusivement altérées par le bémol; or le dièse ne peut servir qu'à hausser les notes naturelles; pour indiquer l'altération de la 7e note de ces gammes on se sert du ♮ qui, détruisant le ♭ dont elle était affectée dans la gamme précédente montera ainsi cette note du demi-ton exigé; mais ce bécarre ne paraît pas à la clef; en continuant l'ordre des gammes à partir de *ré* ♭ on se contente de ne pas reproduire les bémols qui doivent être supprimés.

TRENTE-DEUXIÈME LEÇON.

(1) Chaque touche noire du clavier représente à la fois le dièse de la note qui est à sa gauche et le bémol de celle qui est à sa droite. *Fa* dièse et *sol* bémol *do* dièse et *ré* bémol sont donc synonymes. Remplacer l'un par l'autre dans la composition ou la modulation s'appelle faire de l'*enharmonie*.

On y joindra le travail des *arpèges* suivants dont le but est de familiariser les doigts avec les écarts et de développer l'agilité du pouce.

(1) X Double dièze qui hausse le son de 2 demi tons. SOL X devient LA naturel

TRENTE-QUATRIÈME LEÇON.
Étude en sol majeur et à 6 temps.
BEETHOVEN
1. 2. 3. 4. 5. 6.
4. 5. 6.

fz fz fz fz fz
fz fz
TRENTE-CINQUIÈME LEÇON.
GAMME DE RE MAJEUR
Exercice à répéter 20 fois sans s'arrêter
idem.
ARPÈGES

HARMONISATION DE LA GAMME DE **RÉ** MAJEUR

ÉTUDE EN **RÉ** MAJEUR SUR LES ARPÈGES

Il a été dit plus haut que le point qui suit une note vaut la moitié de cette note. Donc, la croche suivie d'un point vaut une croche plus une double-croche, c'est-à-dire 3/4 d'un temps; le quart qui manque pour compléter le temps se trouve exprimé par la double-croche suivante.

Pour donner à chacune de ces notes sa plus juste valeur il est plus nécessaire que jamais de compter *u-neu*, *deu-seu*, etc. La double-croche tombera toujours après la seconde syllabe du mot.

f Comptez
p
poco ritard.

DEUXIÈME PARTIE.

Du doigté lié ou de substitution, spécial à l'orgue.

TRENTE-SEPTIÈME LEÇON.

Arrivé à ce point de la méthode, l'élève n'aura encore pu atteindre qu'un mécanisme assez imparfait. On comprend facilement qu'une méthode d'orgue ne peut renfermer à elle seule tous les exercices auxquels sont astreints les pianistes. Les élèves qui voudraient développer davantage leur mécanisme feraient bien de travailler encore les études de Le Couppey, et les moins difficiles de Czerny, *avant d'entreprendre le travail des exercices* spéciaux qui vont suivre. Ces exercices sont rigoureusement nécessaires à tout organiste et les élèves devront les travailler longtemps et avec le plus grand soin.

L'exercice suivant présente une note tenue sur laquelle il faut faire *passer successivement* tous les doigts de la main sans que la touche se lève. Ce travail se fera d'abord *lentement et en mesure*.

Dans les tierces suivantes le remplacement sera double; les deux doigts *remplaçants* s'appuieront en même temps et saisiront les touches alors qu'elles sont encore enfoncées.

Avec les touches noires

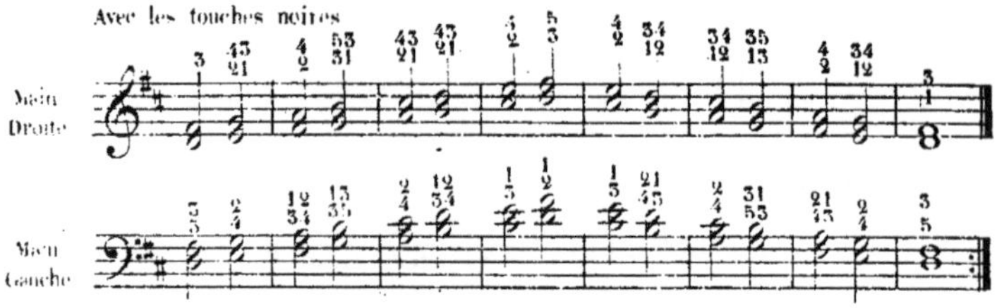

EXERCICES DE SIXTES

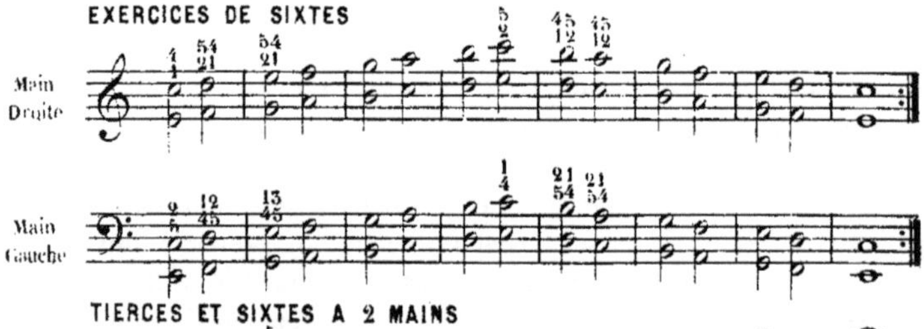

TIERCES ET SIXTES A 2 MAINS

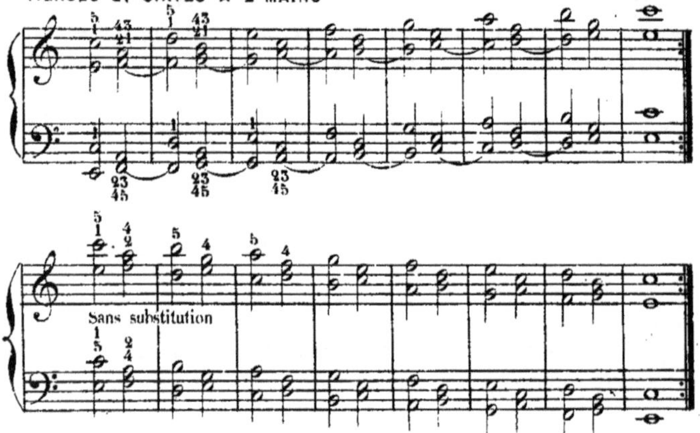

TRENTE-HUITIÈME LEÇON.

TIERCES ET SIXTES

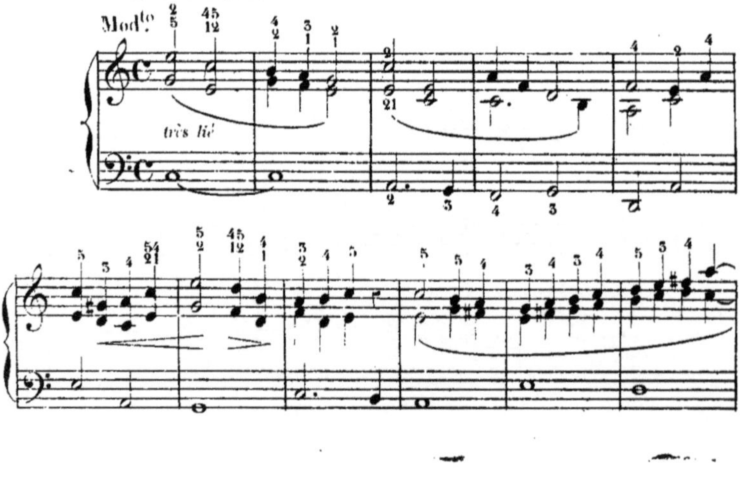

TRENTE-NEUVIÈME LEÇON.

p
f
dim.
ritard.

Dans l'exercice suivant il s'agit de remplacer 3 doigts les uns par les autres ; la note nouvelle qui apparaît à la partie supérieure en montant et à l'inférieure en descendant ne doit être attaquée qu'après le remplacement des 3 doigts qui se trouvent sur les notes déjà tenues.

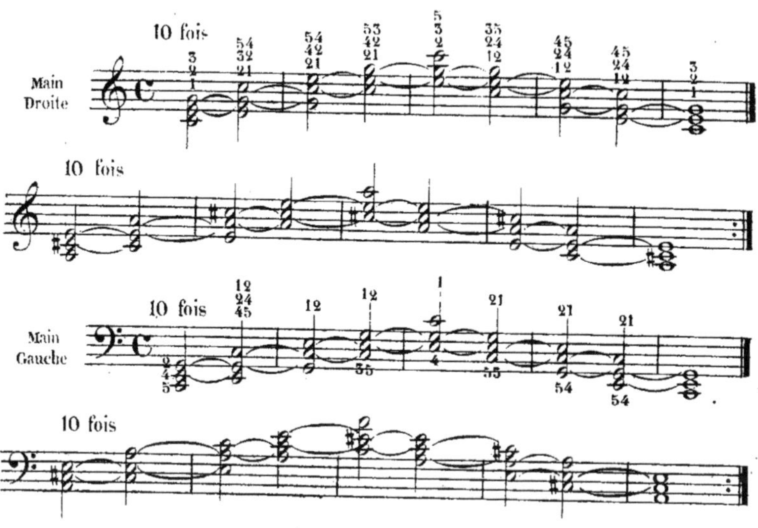

QUARANTE-ET-UNIÈME LEÇON.

Ton de *LA* majeur.

Après la gamme de *ré*, vient celle de *la*, avec un sol dièse en plus.

Gamme de *la* majeur.

HARMONISATION DE LA GAMME DE LA MAJEUR
ETUDE TRÈS DIFFICILE ET TRÈS IMPORTANTE
Remplacez toujours de même

QUARANTE-DEUXIÈME LEÇON.

Exercices particuliers pour le pouce.

Pour qu'un jeu soit bien lié, il faut que tous les doigts lient également bien. Nous venons de voir que, grâce aux doigtés de substitution, les liaisons devenaient faciles; il est pourtant un doigt qu'on ne peut pas toujours remplacer; c'est le pouce. De plus, la conformité de ce doigt est telle que son mouvement d'une touche à l'autre éprouve souvent une grande gène. Il s'agit donc de donner au pouce une élasticité toute particulière en vue des divers mouvements qu'il aura à exécuter. Voici ces mouvements : 1° Passer d'une touche blanche à une autre touche blanche; 2° Glisser d'une noire sur une blanche ; 3° Monter d'une blanche à une noire. Ces mouvements ne peuvent s'obtenir qu'en imprimant au pouce une action double. Voici comment : en pliant le pouce, il se divise de soi-même en *deux phalanges* : la première est celle au bout de laquelle se trouve l'ongle, la deuxième celle qui tient à la main.

Passage du pouce d'une touche blanche a une autre. — Pour monter d'une touche blanche à une autre avec la main droite il faut commencer par appuyer la seconde phalange (vers la main) sur la première touche, de façon à ce que l'ongle dépasse même les touches noires ; puis et tout en laissant la deuxième phalange appuyée on plie le pouce, ce qui ramène tout naturellement la première phalange à droite au-dessus de la touche suivante; cette première phalange enfonce immédiatement la nouvelle touche et la deuxième reprenant sur la touche ainsi enfoncée sa position première, remplace la première sans que la *touche se lève*; ces mêmes mouvements se répètent de la sorte sur les touches suivantes.

En un mot la première phalange remplit le rôle du doigt d'attaque et la deuxième le rôle du doigt de remplacement, c'est-à-dire que les deux phalanges passent successivement sur chaque touche.

Pour descendre la gamme le mouvement est moins commode mais pourtant faisable. La première phalange au lieu de se plier naturellement à droite s'efforcera de *ramper* en arrière sur la touche de gauche; la deuxième l'y remplacera subitement.

Le pouce de la main gauche exécutera en *descendant* les mêmes mouvements que celui de la main droite en montant et *vice versâ*.

L'abréviation *ph.* signifie *phalange*. Il faut sous-entendre ce mot après chacun des chiffres suivants.

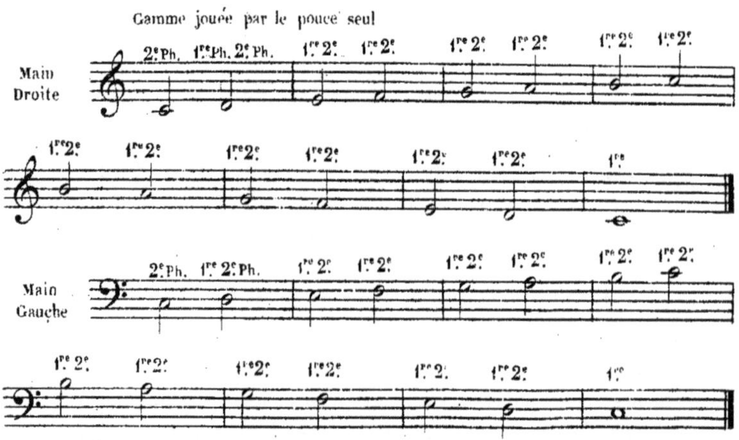

L'application de cet exercice devient *nécessaire* dans les passages en octaves et en sixtes. (La première phalange du pouce s'appliquera avec le quatrième doigt et la seconde avec le cinquième.)

QUARANTE-TROISIÈME LEÇON.

PASSAGE DU POUCE D'UNE TOUCHE BLANCHE A UNE TOUCHE NOIRE ET RÉCIPROQUEMENT.

Ce mouvement est plus facile que le précédent. La première phalange enfonce toujours la touche noire et la deuxième la blanche. Quand deux blanches se suivent, (*mi fa* et *si do*), on fait glisser la première phalange de la touche noire sur la touche blanche; la deuxième phalange attaquera la blanche suivante.

QUARANTE-QUATRIÈME LEÇON.

Il est également très-nécessaire que tous les doigts indistinctement soient habitués à glisser d'une touche noire à une blanche. (Les 2e, 3e, 4e et 5e doigts ne se divisent jamais en phalanges ; il suffit d'en faire glisser le bout.

QUARANTE-CINQUIÈME LEÇON.

Exercice général sur les octaves et les sixtes.

animez.
p
f
Substitutions difficiles

QUARANTE-SIXIÈME LEÇON.

Ton de *FA* majeur.

Nous n'analiserons pas d'une façon particulière les tons qui suivent celui de *la* majeur, mais, après avoir étudié les trois tons qui suivent celui de *do* en montant par quintes nous allons entreprendre ceux qui suivent le même ton en descendant par quintes, soit les tons de *fa*, de *si bémol* et de *mi bémol*.

Exercice à répéter 20 fois sans s'arrêter

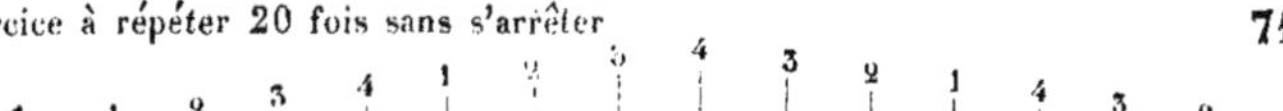

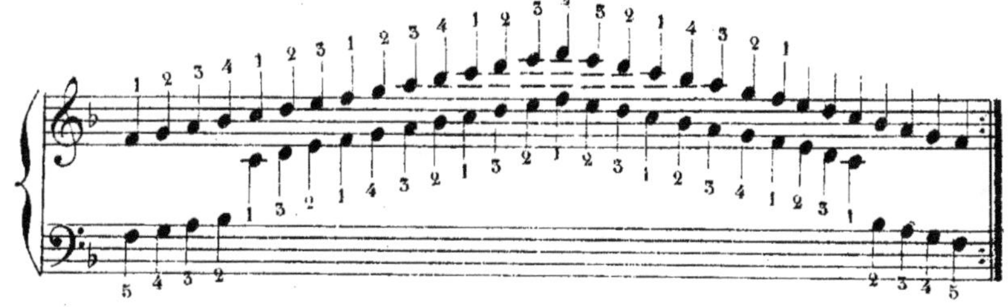

HARMONISATION DE LA GAMME DE **FA** MAJEUR

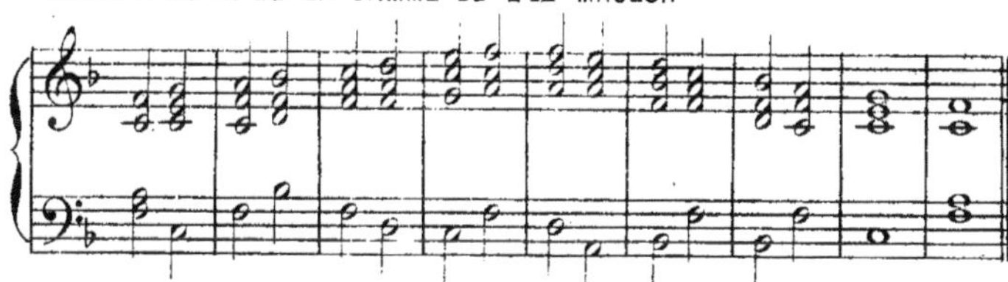

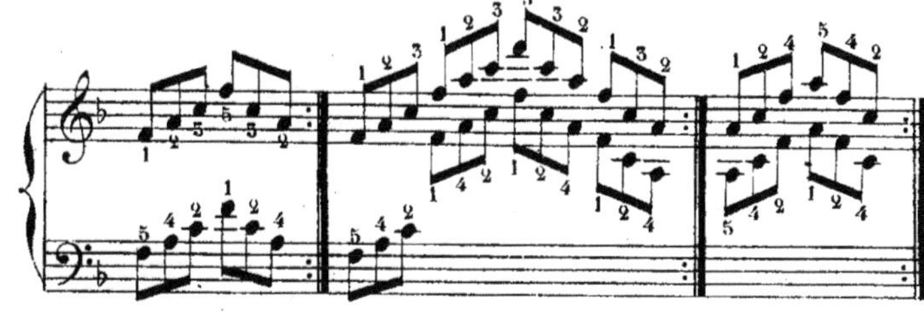

 L'étude suivante offre encore un excellent exercice sur les octaves liées.

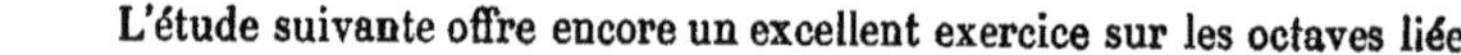

QUARANTE-SEPTIÈME LEÇON.

Exercice sur les Syncopes.

La *syncope* est une note qui commence sur un temps *faible* de la mesure pour se prolonger sur le temps *fort* suivant. Si ce temps faible est le dernier de la mesure, la syncope est indiquée par une liaison qui surmonte la barre de mesure.

La syncope peut aussi se produire entre la *moitié faible* d'un temps (la 2e) et *la forte* du temps suivant (la 1e).

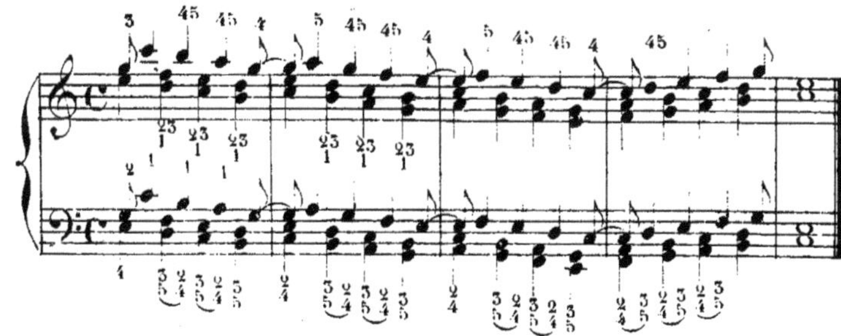

QUARANTE-HUITIÈME LEÇON.

Harmonisation de la gamme de *SI* bémol.

Cette étude qui n'est autre chose que l'*Adeste fideles*, a pour but d'habituer l'élève à produire avec une seule main un chant bien soutenu et son accompagnement. Ceux qui l'exécuteront correctement pourront poursuivre leurs études d'orgue avec quelque espoir de succès.

A _ des _ te fi _ de _ les lœ - ti tri _ um _
u neu deu seu   u neu deu seu   u neu deu seu
_ phan _ tes Ve _ ni _ te ve _ ni _ te in
Beth _ le _ hem   Na _ tum vi _
_ de _ te re _ gem An _ ge _ lo _ rum Ve _
_ ni _ te A _ do _ re _ mus Ve _ ni _ te A _ do _ re _ mus Ve _
_ ni _ te A _ do _ re _ mus Do _ _ mi _ num
retardez

QUARANTE-NEUVIÈME LEÇON.

TON DE **MI** BÉMOL MAJEUR

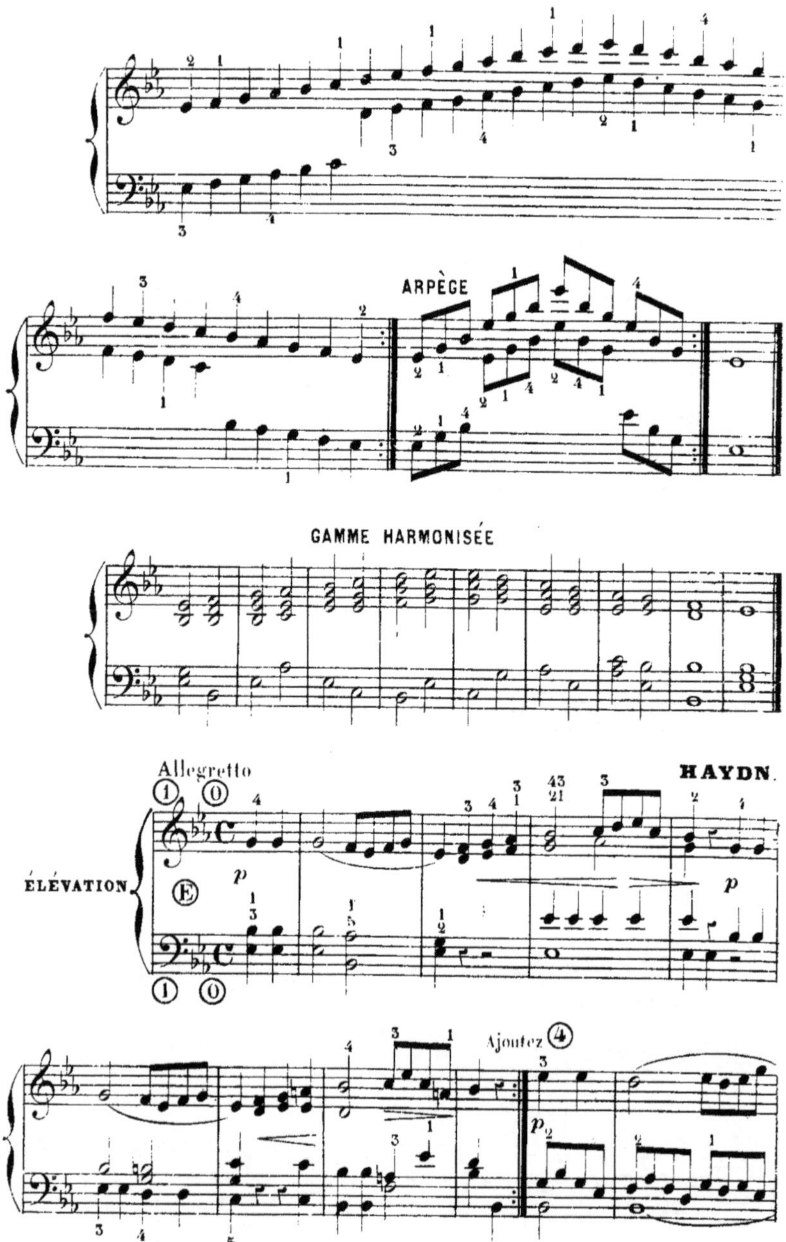

CINQUANTIÈME LEÇON.

TON DE **LA** MINEUR (Relatif de **DO** Majeur)

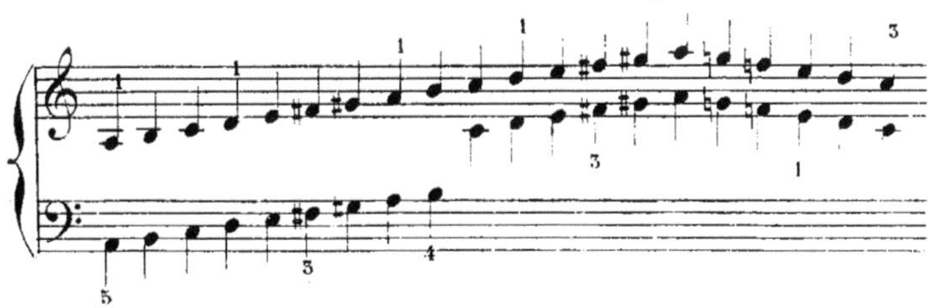

Autre gamme avec Fa♮ et Sol♯ en montant et en descendant. Elle est moins
naturelle et moins correcte que la première, pourtant elle est usitée quelquefois surtout en descendant.

Il arrive souvent que des morceaux en mineur aient leur dernier accord majeur

CINQUANTE-ET-UNIÈME LEÇON.

TON DE **MI** MINEUR (Relatif de Sol Majeur)

L'auteur qui a écrit la meilleure musique d'Orgue est Sébastien Bach. C'est le maître des maîtres et il me paraît difficile d'arriver à jouer tant soit peu de l'orgue sans avoir étudié quelques-unes de ses compositions. Sa musique se distingue par le mouvement continuel et simultané des parties; on y trouve peu d'accords pla_ qués, c'est ce qui la rend difficile à exécuter et à comprendre.— Je recommande l'ob_ servation des doigtés de substitution.

CINQUANTE-DEUXIÈME LEÇON.

TON DE SI MINEUR (Relatif de Ré Majeur)

* Si la voix céleste est un jeu grave ou un 16 pieds il faut jouer cette partie une octave plus haut.

CINQUANTE-TROISIÈME LEÇON.

TON DE **FA**# MINEUR (Relatif de La Majeur)

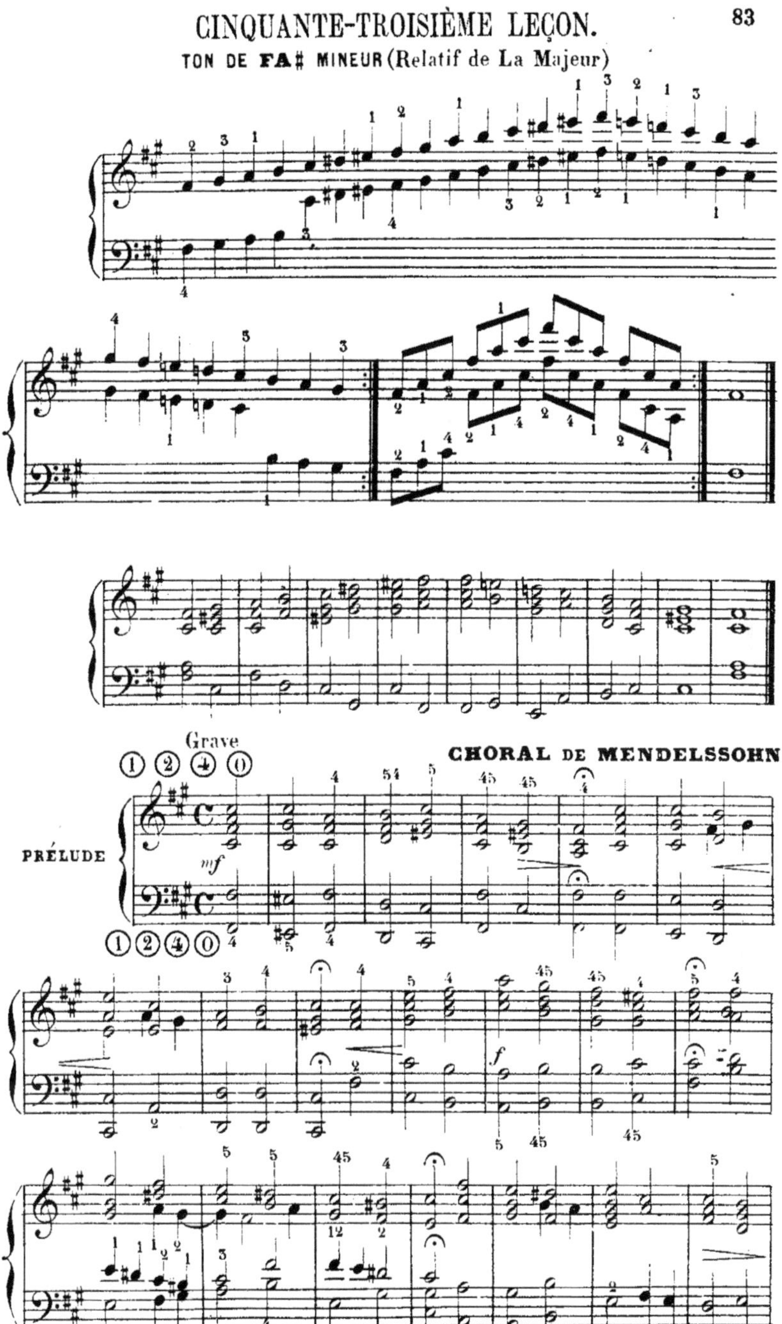

CINQUANTE-QUATRIÈME LEÇON.

TON DE RÉ MINEUR (Relatif de Fa Majeur)

mf
FIN
retenez
f
f
Musette
MUSETTE

1a.
2a.
pp
f
1a.
2a.
D.C.
al segno

CINQUANTE-CINQUIÈME LEÇON.

TON DE **SOL** MINEUR (Relatif de SI♭ Majeur)

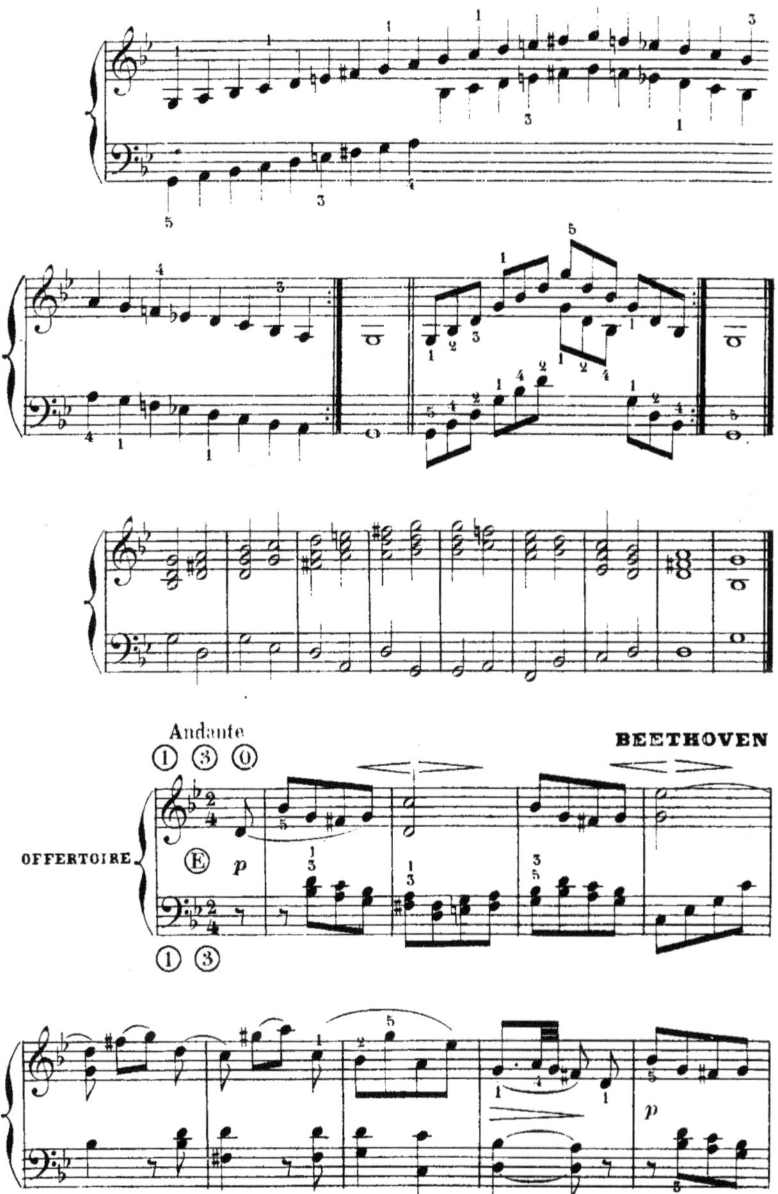

diminuendo
e ritenuto

CINQUANTE-SIXIÈME LEÇON.

TON D'**UT** MINEUR (Relatif de MIb Majeur)

pp
mf
f
pp
pp
mf animez
f
4
3
pp retenez

Poco Adagio (un peu lent)
J. HAYDN
ÉLÉVATION
E
p
p
p
f retenu
a tempo
f
pp
f
pp
retenez

Andante religioso
MENDELSSOHN
ÉLÉVATION
mf
p
crescendo
f
p
FIN
simile
D.C.

Andante
MENDELSSOHN
COMMUNION
dolce
p
mf
p
retardez

Andante
MOZART
OFFERTOIRE
E
Sons doux
p
p
p
p

crescendo
f
f
retenez
a tempo
doux
p
p
p

Moderato
Flûte et voix céleste
WEBER
OFFERTOIRE
dolce
p
a tempo
retenez
FIN

Andante con moto (sans traîner)

J. B. BISCHOFF

PRÉLUDE

M.D.
M.G.
D.
G.
f
poco ritenuto

a tempo
rit.
p
molto legato
ritardando

Monsieur Guilmant, le célèbre organiste de la Trinité, a bien voulu nous au_
toriser à insérer dans cet ouvrage un morceau extrait de son *Organiste pra_
tique* (publié en 8 livraisons chez Schott, rue du Hasard-Richelieu 6, à Paris)

L'*Elévation* que nous avons choisie est à la fois un morceau charmant et
peu difficile ainsi qu'une étude des plus attrayantes du style lié.

Ce morceau pouvant être exécuté également sur le grand orgue, nous con_
servons la disposition de l'édition originale.

ÉLÉVATION (N°1 *de la 1re livraison de l'Organiste Pratique*)

INDICATION DES JEUX { **Récit.** Bourdon, Flûte harmonique, Voix humaine de 8 avec le Tremblant.
(à défaut de Voix humaine, Gambe de 8 et Voix céleste)
G. Orgue. Bourdons de 16 et de 8 accouplés au Récit.

A. GUILMANT
Organiste de la Trinité

ÉTUDE DE LA SOUFFLERIE EXPRESSIVE.

Travaillez cet exercice en soufflant de chaque pied isolément.

Le soufflet ne doit pas remonter avant l'expiration de la dernière ronde.

Les nuances doivent se produire graduellement, sans soubresauts et sans inter_ruptions dans les sons.

A un seul pied

Les 4 mesures de l'exercice suivant seront également exécutées avec un seul pied et d'*un seul* coup de soufflet. Il s'agit donc, tout en ne descendant le souf_flet qu'une fois, de produire 4 attaques vigoureuses qu'on séparera l'une de l'au_tre par un *diminuendo* bien graduel.

Produisez le même effet en vous servant des deux pieds alternativement. L'un doit s'appuyer avant que l'autre commence à se relever.

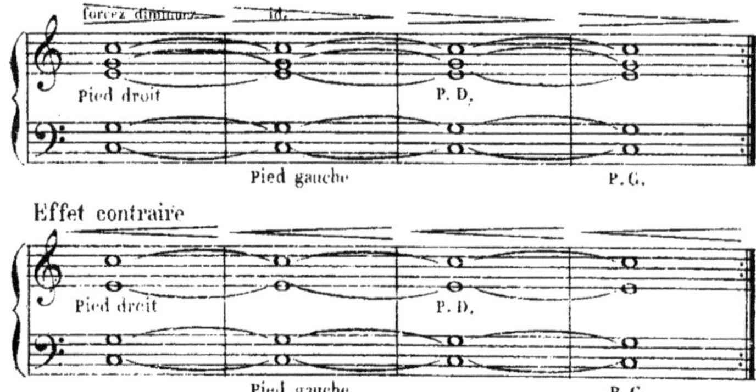

Pour finir
P.D.
P.G.
SUPPLÉMENT AUX EXERCICES DE MÉCANISME DE LA 1re PARTIE
Tenez les blanches avec le pouce et le 5me
Liez les 3 premières, détachez les 3 dernières.
très détaché
Pour finir

TROISIÈME PARTIE.

DE L'HARMONIE

INTERVALLES

Tout intervalle peut être *majeur* ou *mineur*. L'intervalle majeur est d'un demi-ton plus étendu que le mineur.

SECONDES — 5 majeures et 2 mineures.

La seconde majeure se compose d'un ton; la mineure d'un demi.

TIERCES — 3 majeures et 4 mineures.

La tierce majeure se compose de 2 tons; la mineure d'un ton et demi.

QUARTES — Une majeure (appelée aussi augmentée) et 6 mineures ou justes.

La quarte majeure se compose de 3 tons; la mineure de 2 $\frac{1}{2}$.

QUINTES — Une mineure (ou diminuée) et 6 majeures.

La quinte mineure se compose de 2 tons et de 2 demi-tons; la majeure de 3 tons $\frac{1}{2}$.

SIXTES — 4 majeures et 3 mineures.

La sixte majeure se compose de 4 tons $\frac{1}{2}$, la mineure de 3 tons et de 2 demi-tons.

SEPTIÈMES.— 2 majeures et 5 mineures.

La septième majeure se compose de 5 tons ½; la mineure de 4 tons et de 2 demi-tons.

Remarque. En baissant d'un demi-ton le degré inférieur ou en haussant d'un demi-ton le degré supérieur d'un intervalle mineur on le rend majeur; et vice versâ.

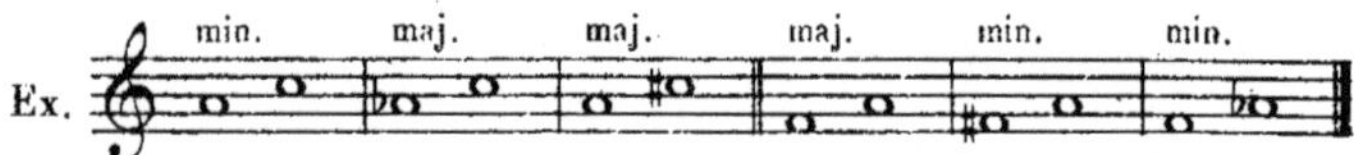

ACCORDS

1.— Plusieurs sons entendus simultanément forment un *accord*.

2.— L'accord dit *parfait* est composé de trois notes qui forment deux tierces superposées soit Do Mi Sol, ou Sol Si Ré etc. La note inférieure s'appelle *Tonique* ou *Basse*; la note intermédiaire *Tierce* ou *Médiante*; la supérieure est la *Quinte* ou la *Dominante*.

3.— Chaque note de la gamme peut porter un accord ou en devenir la *Basse*.

4.— La qualité *majeure* ou *mineure* d'un accord dépend de la qualité de sa tierce inférieure; si celle-ci est majeure (composée de deux tons entiers) l'accord est *majeur*; si elle est mineure (composée d'un ton et demi) l'accord est mineur.

5.— Donc, pour reconnaître la qualité d'un accord il suffit d'examiner l'étendue de sa tierce inférieure.

TABLEAU DES ACCORDS PARFAITS PORTÉS PAR LES NOTES DE LA GAMME.

Remarque. Tout accord majeur peut être rendu mineur, et réciproquement. En baissant d'un demi ton la 1re tierce d'un accord majeur on le rend mineur.

En haussant d'un demi-ton la 1re tierce d'un accord mineur on le rend majeur.

6 — Il n'est nullement nécessaire que les deux notes supérieures conservent invariablement leur position de tierce superposée; elles peuvent au contraire s'éloigner d'une ou de plusieurs octaves de la Basse; on peut aussi en intervertir l'ordre, c'est-a-dire placer la quinte au milieu et la tierce en dessus.

7 — On peut doubler une des notes de l'accord, de préférence la Tonique ou Basse.

8 — On dit que l'accord est à *l'état direct* toutes les fois que sa tonique ou basse se trouve à la partie inférieure.

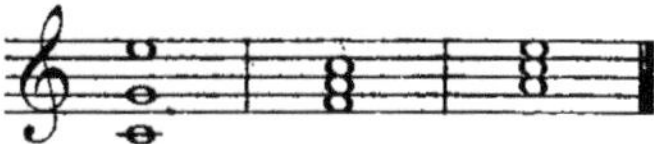

9 — **DU RENVERSEMENT DES ACCORDS.** La Basse fondamentale de l'accord ne se trouve pas toujours à la partie inférieure; chaque note d'un accord peut en effet en devenir la partie la plus grave; dans ce cas, l'accord est *renversé*.

10 — Lorsque la *tierce* (*médiante* ou *son* intermédiaire) est à la partie inférieure, l'accord est au *premier renversement*.

11 — Donc pour mettre un accord au premier renversement il suffit d'en détacher la basse et de la porter à la partie supérieure.

ACCORDS DE LA GAMME AU PREMIER RENVERSEMENT.

De même que dans les accords à l'état direct, les deux notes supérieures des premiers renversements peuvent être superposées dans un ordre différent de celui du tableau précédent.

Ainsi au lieu d'écrire 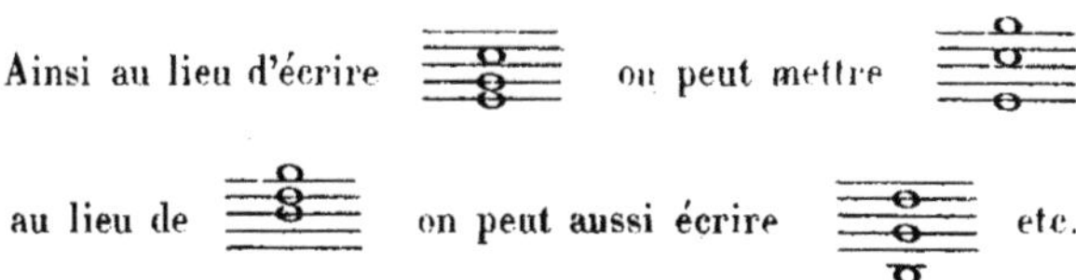 on peut mettre

au lieu de on peut aussi écrire etc.

12 — Lorsque la *quinte* (*son* supérieur de l'état direct) est à la partie inférieure, l'accord est au *second renversement*.

ACCORDS DE LA GAMME, AU DEUXIÈME RENVERSEMENT.

Même observation pour l'inversion des notes supérieures de ces renversements.

13 — Chacune des notes d'un accord en est une *Partie*. Ainsi, la note la plus
élevée en est la première partie; celle qui est immédiatement au-dessous en est
la deuxième partie; plus bas se trouve la troisième partie; puis la quatrième.

Dans la musique *vocale* la première partie s'appelle *Soprano*: la deuxième
Alto: la troisième *Ténor*: la quatrième *Basse*.

14 — MARCHE DES PARTIES. Avant de faire succéder un accord à un autre il
est nécessaire d'examiner la position que chaque note ou partie du 1er accord
occupe par rapport aux autres; c'est-à-dire qu'il faut voir la distance de la Basse au Tenor, à l'Alto et au Soprano, puis (et toujours en montant) la distance du
Tenor à l'Alto et au Soprano ensuite celle de l'Alto au Soprano, ce qui donne lieu
a six calculs différents.

15 — Certains intervalles ne peuvent pas être reproduits entre deux *mêmes*
parties de deux ou de plusieurs accords; ce sont: la *quinte* et l'*octave*; on répète
au contraire la tierce, la quarte, la sixte.

En examinant le tableau précédent, on trouve au N°1 des deux accords c'est-
à-dire entre la Basse et le Tenor un intervalle de quinte; au N°3 entre la Basse et le Soprano on trouve des octaves: deux fautes qu'il faut éviter à tout prix.

Ex.

Remarque.— Ces derniers accords renferment outre les octaves, des succes_
sions de quintes; on aura donc, dans ces accords deux fautes a éviter au lieu d'une.

16.— Si chaque note du chant ne pouvait être accompagnée à la partie infé_
rieure que par *elle même* à une *octave plus bas* il serait impossible d'éviter
ces fautes; on obtiendrait infailliblement la barbare succession suivante:

17.— Mais en examinant le tableau précédent on verra que chaque note de la
gamme se trouve dans trois accords différents: le *Do*, par exemple, figure dans les
1er, 4e, et 6e; le *Ré* dans les 2e, 5e, et 7e; le *Mi* dans les 3e, 6e, et 1er; le *Fa* dans les
4e, 7e, et 2e; le *Sol* dans les 5e, 1er, et 3e; le *La* dans les 6e, 2e, et 4e; le *Si* dans les 7e, 3e, et 5e.

17bis.— D'ailleurs le mouvement des parties du tableau précédent est encore vi_
cieux par cela même qu'il est *semblable*, à *toutes* les parties. Pour faire de bon_
ne harmonie il est indispensable que la Basse marche, autant que possible, en sens
inverse du chant et qu'en général les parties ne suivent pas trop le même mouvement.

18.— Chaque note figurant dans trois accords différents peut donc être accom_
pagnée par trois Basses différentes.

19.— Etant donnée une note de chant quelconque, on peut lui donner pour Basse
soit sa propre octave, soit la tierce inférieure, soit la quinte inférieure de cette oc_
tave. Il est de toute nécessité que l'élève étudie des yeux autant que des doigts le
tableau suivant et qu'il se le grave profondément dans la mémoire.

20.— On peut aussi dans beaucoup de cas, et surtout pour varier les mouvements de Basse, employer le premier renversement des accords *Do*, *Fa*, *Sol*, et de l'accord de *sensible*.

Accords de Do au 1.er renv. FA au 1.er renv. SOL au 1.er renv. Sensible au 1.er renv.

21.— Les exemples suivants montreront aux élèves les avantages qu'ils pourront tirer des deux tableaux précédents et le moyen de s'en servir pour éviter les successions de *quintes* et d'*octaves* entre deux *mêmes* parties de deux accords *différents*.

MANIÈRE D'HARMONISER LES INTERVALLES DE SECONDE.

Supposons que nous ayons à harmoniser les deux notes *Do*, *Ré*. Il est impossible de les harmoniser toutes deux par leurs octaves basses (voir § 16); toutefois on peut toujours harmoniser ainsi l'une des deux, soit la première soit la seconde. Si le *Do* a pour Basse son octave *Do* le *Ré* (qui ne peut avoir Ré) ne pourra avoir qu'un des deux autres accords harmonisant le *Ré* (voir plus haut § 19). Si au contraire le *Ré* doit être harmonisé par *Ré* le *Do* (qui ne peut pas l'être par *Do* dans ce cas) aura pour Basse soit le *La*, soit le *Fa* (voir exemple § 19) ou encore il sera employé au premier renversement avec *Mi* à la Basse.

DO - RÉ   Même exemple une octave plus haut

Dans la succession *Ré Mi*, l'harmonie du *Mi* dépendra de celle du *Ré*.

1 RÉ-MI   2   3   4   Jamais

On peut voir par ces exemples que les notes *Ré* et *Mi* ne peuvent être harmonisées ni l'une ni l'autre par des 1.ers renversements.

1 MI-FA   2   3   4   5   6   Jamais

L'harmonie N.º 4 est souvent impérieusement exigée; l'intervalle *Mi Fa* prête
facilement à une double succession de quintes et d'octaves qu'on évite en faisant
marcher l'Alto du *Do* au *La* et le Tenor du *Sol* au *Fa*.

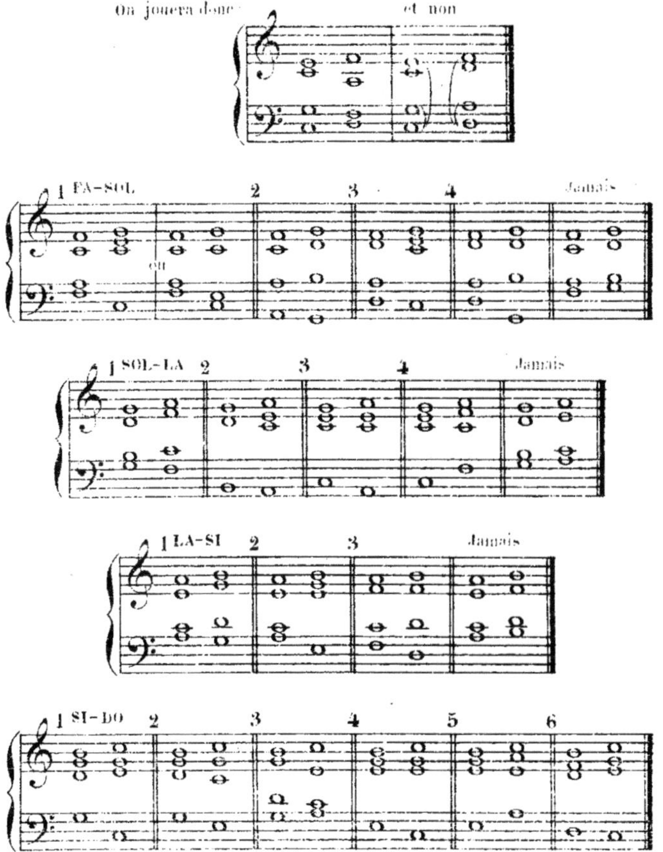

22 — INTERVALLES DE TIERCE ET DE QUINTE

La Basse fondamentale d'un accord peut servir de basse aux trois notes qui
servent à le former.

23.— INTERVALLES DE QUARTE. La *quarte* n'étant autre chose que le renver_
sement de la *quinte* peut avoir pour Basse la même note que cette dernière,
c'est-à-dire la Tonique.

24.— Cependant on peut changer la Basse au second accord.

25.— Tableau des accords de Si♭ et de *Sol* mineur usités dans l'accompa_
gnement du plain-chant.

26.—. DES MOUVEMENTS DE BASSE FONDAMENTALE. Chaque accord repose sur
une note principale, radicale, généralement appelée *Basse fondamentale.* Donc,
autant d'accords différents autant de Basses fondamentales différentes. *La suc_
cession des accords n'est pas libre;* elle est régie par certaines lois ainsi que
les mouvements de Basse.

Voici les principales de ces lois:

1° Il faut tâcher de faire monter ou descendre la Basse par de grands mou_
vements plutôt que par de petits.

2° Les meilleurs mouvements sont ceux de quinte montante ou de quarte
descendante.

3º On emploie aussi fréquemment les mouvements de tierce descendante.

4º Les mouvements de Basse de tierce ascendante sont moins bons ; il n'en faudrait pas abuser.

5º Les mouvements de Basse de seconde sont plus rares. On trouve quelque_ fois les suivants.

27 — L'accord *Si Ré Fa,* ainsi que tous les accords qui ont pour base la 7ᵉ note d'une gamme quelconque, a une constitution particulière. Il est composé de *deux* tierces mineures ou d'une tierce mineure et d'une quinte mineure.

Nous ne donnerons que les deux cas suivants de l'emploi de cet accord; ce sont les plus usités.

28.— Dans les accords renversés, la Basse fondamentale est sous-entendue. C'est elle seule qu'il faut apprécier dans la marche des Basses et non la note inférieure de l'accord.

29.— **RÉSOLUTION DE LA QUARTE.** La quarte (Sol-Do, La-Ré) est un intervalle dissonant. Toute dissonance doit être *résolue*. Il y a 2 manières de résoudre la quarte. 1.° en baissant la note supérieure d'un degré et en laissant l'inférieure en place. 2.° en laissant la note supérieure en place et en montant ou en baissant l'inférieure d'un degré.

30.— Dans tout second renversement la Basse est en rapport avec une quarte supérieure: *Sol Do Mi-La Ré Fa* etc. La résolution de la quarte y sera de rigueur.

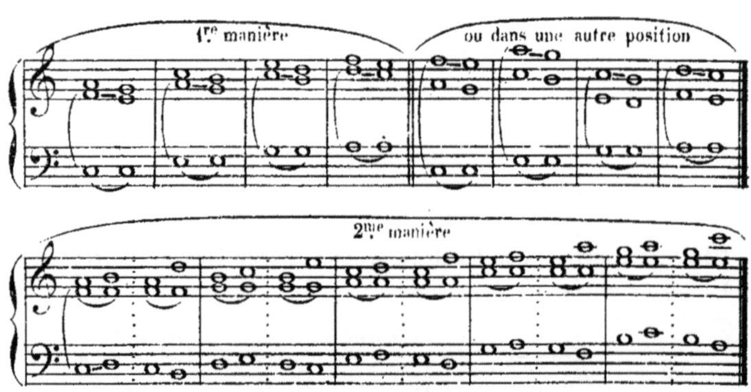

L'élève devra s'exercer à transcrire le dernier tableau dans une autre position.

31.— ACCORD DE SEPTIÈME DOMINANTE. Cet accord qui ne peut s'employer dans le plain-chant, est très-usité dans la musique.

Il est composé de trois tierces superposées dont la 1.ʳᵉ est majeure, la 2.ᵐᵉ mineure et la 3ᵐᵉ mineure. Autrement dit, il se compose d'un accord parfait majeur surmonté d'une tierce mineure.

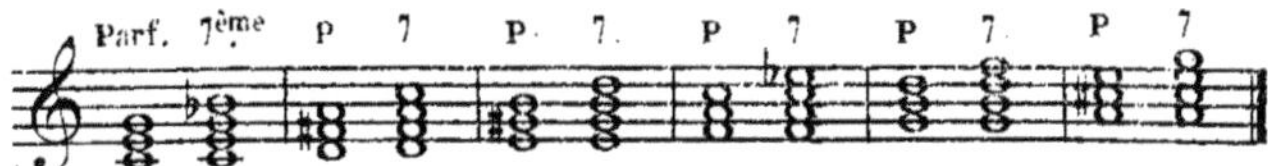

La 7ᵐᵉ est dissonante contre la Basse et comme telle, doit se résoudre en descendant d'un degré. La Basse marchera invariablement par quintes des_cendantes ou quartes montantes ce qui revient au même.

32.— La 7ᵐᵉ au lieu de ne descendre que d'un demi-ton peut descendre d'un ton entier et alors l'accord suivant est mineur.

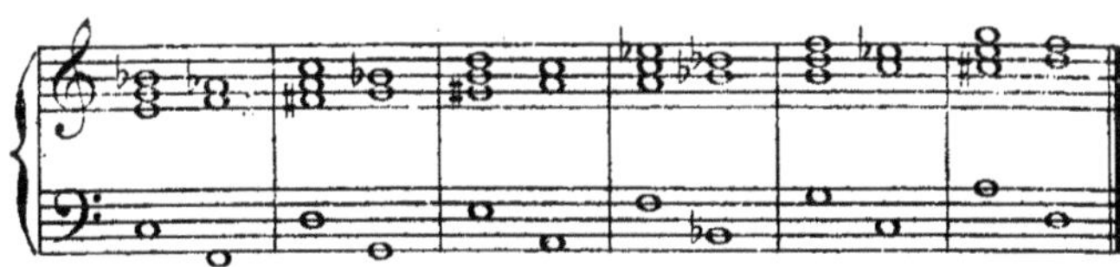

33.— Comme les accords parfaits, les accords de 7ᵐᵉ peuvent être présentés dans plusieurs positions différentes.

34.— La succession d'accords majeurs par quintes descendantes est excel_lente. Le 1.ᵉʳ de deux accords se suivant par ce mouvement est la *dominante* du second. *Sol* est la dominante de *Do*; *Do* est la dominante de *Fa*. On peut ainsi établir une série de modulations *circulaires* partant de *Do* pour revenir à *Do*. Ces diverses modulations seront d'autant mieux établies que chaque accord par_

fait peut être suivi de sa 7ᵐᵉ ce qui amène une suite de *modulations for_cées* ainsi que l'indique le tableau suivant.

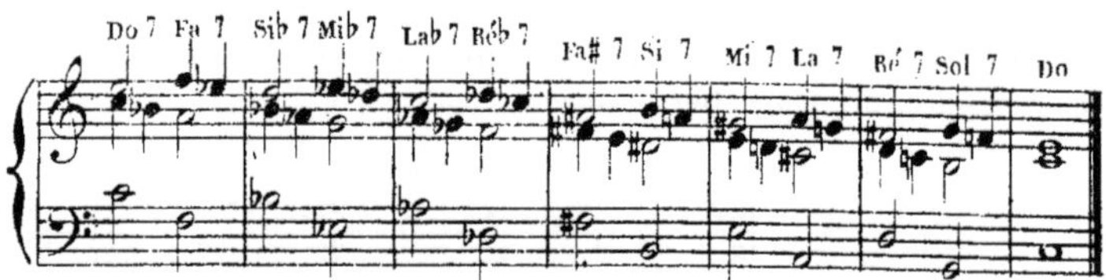

35 — MODULATIONS. Moduler veut dire changer de ton ou de gamme. Nous n'étudierons ici que les modulations les plus faciles et les plus usitées, celles qui se font dans les tons *relatifs*.

Etant donné un ton principal, ses tons relatifs seront tous ceux qui auront à la clef ou le même nombre d'accidents ou bien un dièse ou un bémol en plus ou en moins.

TONS RELATIFS DE **DO** MAJEUR

DO MAJEUR
- 1º La mineur, rien à la clef.
- 2º Sol majeur, un dièse *id.*
- 3º Mi mineur, un dièse *id.*
- 4º Fa majeur, un bémol *id.*
- 5º Ré mineur, un bémol *id.*

TONS RELATIFS DE **RÉ** MAJEUR (AVEC 2 DIÈSES)

RÉ MAJEUR
- 1º Si mineur, même nombre de dièses.
- 2º La majeur, un dièse en plus.
- 3º Fa# mineur, un dièse *id.*
- 4º Sol majeur, un dièse en moins.
- 5º Mi mineur, un dièse *id.*

TONS RELATIFS DE **FA** MAJEUR (AVEC UN BÉMOL)

FA MAJEUR
- 1º Ré mineur, même nombre de bémols.
- 2º Do majeur, un bémol en moins.
- 3º La mineur, un bémol *id.*
- 4º Sib majeur, un bémol en plus.
- 5º Sol mineur, un bémol *id.*

Chaque ton majeur a donc pour *relatifs* 3 tons mineurs et 2 majeurs.
Chaque ton mineur a par contre pour *relatifs* 2 tons mineurs et 3 majeurs.

TONS RELATIFS DE **RÉ** MINEUR (AVEC UN BÉMOL)

RÉ MINEUR
- 1º Fa majeur, même nombre de bémols.
- 2º La mineur, un bémol en moins.
- 3º Do majeur, un bémol *id.*
- 4º Sib majeur, un bémol en plus.
- 5º Sol mineur, un bémol *id.*

TABLEAU DE MODULATIONS

La modulation d'un ton dans un autre se fait par l'accord de dominante (avec ou sans septième) de ce ton.

Les élèves devront apprendre ces modulations par cœur et former eux-mêmes d'autres tableaux en prenant pour points de départ d'autres tons tant majeurs que mi_neurs.

36.— DES CADENCES. La musique a ses phrases et ses membres de phrases comme la littérature. La fin de chaque phrase et de ses membres est indiquée par ce qu'on appelle une *cadence*.

C'est une chute ou un repos du sens harmonique.

Nous nous occuperons ici seulement de trois cadences qui sont: 1.º La cadence *parfaite*. 2.º La *demi-cadence*. 3.º La cadence *plagale*.

37.— La cadence *parfaite* est produite par le mouvement de l'accord de la dominante sur celui de la tonique, les deux étant dans leur état direct.

Cette cadence donne à la période musicale un sens complet; elle seule peut servir à conclure un morceau.

Mêmes basses avec leur harmonie.

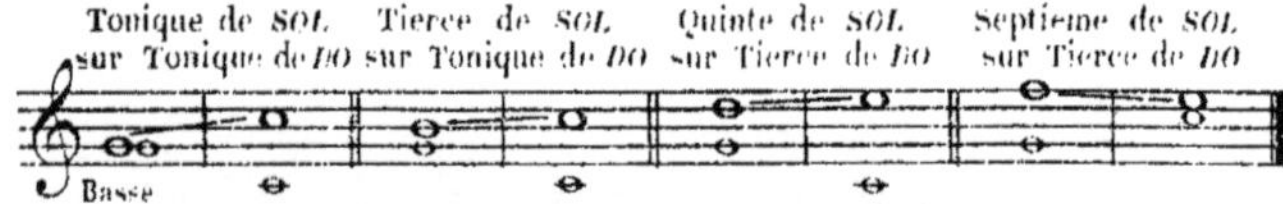

38.— Dans un morceau déja harmonisé, il sera facile de distinguer les cadences parfaites par le mouvement de Basse. Mais quand il s'agit d'harmoniser soi-même un chant donné, la chose devient moins commode.

Pourtant on peut préciser certains cas et dire 1.º que pour trouver les cadences parfaites devant s'appliquer à une mélodie non *modulée*, il faut d'abord voir de quelles notes est composé l'accord de la dominante ou celui de septième dominante de ce ton, et voir aussi quelles notes composent l'accord de la tonique.

Chaque fois qu'une des notes faisant partie de l'accord de dominante ou de celui de septième dominante (en *Ut, Sol Si Ré Fa*) viendra se résoudre sur une des trois notes formant l'accord parfait du ton (en *Ut, Do Mi Sol*) il y aura cadence parfaite et il faudra donner à la 1.ʳᵉ pour Basse *Sol* et à la seconde *Do*.

Cette cadence s'impose surtout quand la mélodie va de la sensible (*Si*) à la tonique (*Do*).

39.— Les notes altérées précisent mieux les cadences. Il faut savoir que l'altération ascendante tombe toujours sur la 7ᵐᵉ note du ton nouveau dans lequel on module; elle en est la note *sensible*. Cette sensible est en même temps la tierce de l'accord de la dominante (5ᵐᵉ note) du nouveau ton. Donc, étant donnée une note haussée soit par le dièse soit par le bécarre, sa basse sera à une tierce plus bas.

40__ Très souvent la note haussée (la sensible) tombe directement sur sa to_
nique, et dans ce cas aucune hésitation n'est possible.

41__ Quelquefois elle en est séparée par une ou plusieurs notes de l'accord
de la dominante.

42__ Parfois la sensible non-seulement ne se résout pas sur la tonique *di_
rectement*, mais elle ne s'y résout pas du tout comme dans le dernier ex_
emple. Dans ce cas, la mélodie partant de la sensible parcourt un certain circuit
mélodique et finit par faire sa chute sur une des notes de l'accord de la to_
nique autre que celle-ci. La sensible n'en réclame pas moins sa résolution. Un
Si naturel doit être suivi tôt ou tard de *Do* comme le *Fa* ♯ de *Sol*, etc., si ce
n'est mélodiquement, du moins harmoniquement.

43__ L'élève portera donc toute son attention sur les accidents. Ce sont eux
qui amènent les modulations et qui provoquent les cadences. Comme preuve de
leur importance je citerai le dernier exemple qui, commençant par un *Si*♮, va a_
boutir à l'accord de *Do* mineur, tandis que la même phrase partant de *Si*♭ va
tomber sur l'accord de *Mi*.

44. — Les notes *baissées* par altération amènent aussi leurs modulations mais dans un autre sens. Il faut considérer toute note *baissée* comme étant la qua.. trième du nouveau ton dans lequel on module et la septième de l'accord de la dominante même de ce ton. Comme septième, elle est dissonante et va se résou.. dre à un degré plus bas, tandis que la Basse fait son mouvement de quarte mon.. tante ou de quinte descendante selon la règle concernant la résolution des disso.. nances.

45. — Quelquefois cette septième, au lieu de se résoudre sur la tierce du ton est suivie d'une formule mélodique plus ou moins longue qui va aboutir soit sur la quinte, soit sur la tonique elle-même.

46. — Si la mélodie devait se conclure sur une note étrangère à l'accord du ton dans lequel la note *baissée* paraît devoir moduler, il faut se garder de l'har.. moniser comme *septième*, mais la considérer plutôt comme une *tierce* altérée.

La phrase qui suit le Fa♮ se résoudrait forcément sur une des 3 notes *Do-Mi-Sol*, si elle était septième. Dans ce dernier exemple elle est la tierce altérée de l'accord de *Ré* d'ailleurs bien dessiné par la succession des 3 notes *Ré-Fa-La*.

47. — La *demi-cadence* est le contraire de la cadence parfaite. Elle est pro.. duite par le mouvement de l'accord de la tonique sur celui de la dominante, ce dernier é.. tant toujours dans son état direct et le premier à l'état direct ou à l'un de ses deux renversements. — Cette cadence donne à la phrase un sens interrogatif. Elle est souvent suivie d'un silence.

48— Quand il s'agit d'harmoniser une mélodie, on reconnaît la demi-caden_
ce par la chute d'une des notes formant l'accord parfait sur une de celles de
l'accord de dominante. Ex.

49— Les cadences avec modulations finissent souvent par une note *haussée*;
ce sera la tierce de l'accord de la dominante du ton nouveau. Ex.

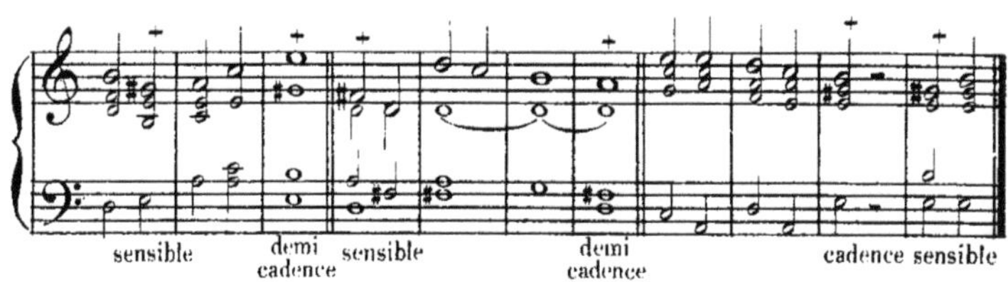

50— La cadence peut toutefois finir par la quinte et l'octave de l'accord de
dominante aussi bien que par la tierce. Mais cette tierce ou sensible man_
que rarement de paraître avant ou immédiatement après la demi-cadence. Elle
précisera donc toujours la modulation.

51— La cadence *plagale* est le mouvement de l'accord de la sous-dominan_
te (4ᵉ note de la gamme) sur celui de la tonique, les deux étant dans leur état direct.

Cette cadence est surtout usitée dans la musique religieuse.

52__ Résumé des diverses cadences.

53.— DE LA MANIÈRE D'HARMONISER UN CHANT DONNÉ. Les chants à mouve_ment large permettent d'accompagner chaque note d'un accord particulier. La principale chose à observer dans la succession de ces accords c'est de ne jamais mettre à la Basse les mêmes notes qu'au chant, excepté 1? à l'accord du commen_cement du morceau; 2? à l'accord qui finit une cadence parfaite; 3? à chaque fois que la Basse marche par mouvement contraire avec le chant. 4? à l'accord final.

54.— En doublant plusieurs fois de suite la note du chant à la Basse, on ferait des successions d'octaves, ce qui est défendu.(Voir ci-devant *marche des parties.*)

55.— On accompagnera donc chaque note du chant par toute autre note qu'elle même et on fera exécuter à la Basse les mouvements prescrits plus haut. Il faut autant que possible faire marcher la Basse en sens inverse du chant. Deux ou plu_sieurs notes appartenant au même accord peuvent être accompagnées par la même Basse.

56.— NOTES DE PASSAGE. Quand la mélodie est plus surchargée de notes il n'est guère possible d'accompagner chacune d'elles d'une harmonie particu_lière. D'ailleurs, l'importance de toutes les notes n'est pas la même:il faut dis_tinguer les notes *principales* ou *réelles* et les notes de *remplissage* appelées en musique notes de *passage.*

Les notes principales sont celles qui font partie de l'accord qui les soutient.

Les notes de passage, au contraire, sont des notes étrangères à cet accord; el_les sont placées entre deux notes principales de manière à remplir l'intervalle qui sépare ces notes et à les unir ainsi l'une à l'autre.

Même chant avec notes de passage.

R. signifie notes réelles _ P. notes de passage.

57_Il faut remarquer que ces notes de passage sont en réalité des notes dissonantes et qu'elles ne peuvent marcher que par mouvements conjoints. Si l'on veut par exemple unir les deux notes *Do Sol* il faut exprimer *toutes* les notes qui les séparent: *Do Ré Mi Fa Sol.*

58_ On prendra pour règle, que quand deux notes se suivent par mouvements *disjoints,* il faut les considérer comme des notes réelles.

L'exemple cité plus haut s'harmoniserait donc ainsi:

59_ Les notes de passage se placent généralement sur les temps faibles ou sur les parties faibles des temps.

60 — Les notes de passage sont praticables dans toutes les parties, même à la Basse.

61 — Les notes de passage peuvent aussi être employées dans plusieurs parties à la fois: Dans ce cas elles marchent par tierces et par sixtes.

62 — Quand la note de passage, au lieu d'unir entre elles deux notes diffé_rentes ramène au contraire la note réelle d'où elle est partie, on l'appelle *broderie*. Elle est *supérieure* quand elle se trouve au-dessus de la note réelle et *inférieure* quand elle est au-dessous. La broderie supérieure peut être à une seconde majeure ou mineure de la note principale; la broderie inférieure en est toujours à une seconde mineure.

63 — La note brodée ne s'harmonise pas.

64 — On associe quelquefois les broderies supérieures avec les inférieures, ce qui donne la formule suivante.

65 — APPOGGIATURE. Outre les notes de passage et les notes brodées on ren_contre encore dans les mélodies d'autres notes qui ne demandent pas une har_monie spéciale. Ce sont les *appoggiatures*.

Une appoggiature est une note de *goût* qui précède ou qui suit à distance d'une seconde la note réelle qui reçoit l'harmonie.

66.— On distingue deux sortes d'appoggiatures: L'appoggiature directe est celle qui précède toujours la note réelle; elle est aussi supérieure à celle-ci et plus longue qu'elle, quoique dissonnante.

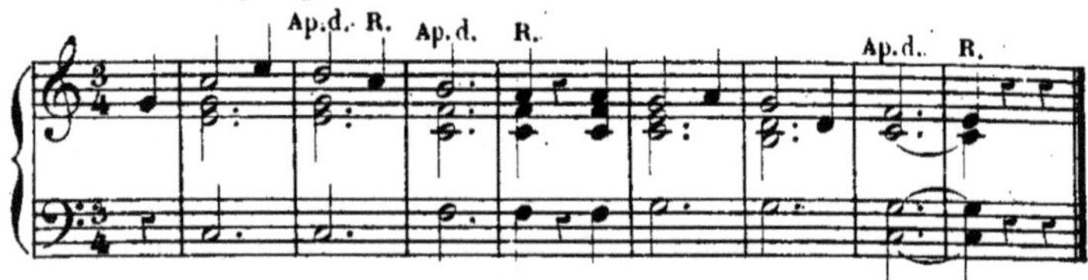

67.— Au contraire l'appoggiature inverse qui *suit* la note réelle peut être aussi longue que celle-ci, mais pas plus longue; elle est souvent plus brève: elle peut être supérieure ou inférieure. Les élèves la distingueront de la note de passage par son mouvement *disjoint* par rapport à la note suivante.

68.— Certaines notes ne sont souvent appoggiatures directes que parceque le compositeur le veut bien. Rien ne l'empêcherait de les considérer quelquefois comme des notes réelles et d'harmoniser différemment la phrase citée plus haut. L'effet ne sera pas le même, mais l'harmonie sera tout aussi correcte.

69.— Le fragment suivant d'une cantate en l'honneur de S.te Foy résume tous les cas prévus dans les règles précédentes.

70.— **DE L'ACCOMPAGNEMENT LE PLUS SIMPLE.** Cet accompagnement consiste à n'harmoniser d'abord la mélodie qu'à deux voix puis d'y ajouter une Basse. Pour harmoniser à deux voix on se sert de préférence des intervalles de tierce et de sixte. La quinte ne peut guère être employée que sur la seconde note de la gamme; elle a alors pour Basse la dominante (en *Ut-Sol Ré*: en *Sol-Ré La* etc.) La quinte diminuée (*Si Fa*) est possible quand les deux parties marchent par mouvements contraires et conjoints.

La quarte (*Fa Si*) du premier renversement de l'accord de sensible peut ê_tre employée dans les mêmes conditions.

La sixte accompagne mieux la tonique que la tierce, pour cette bonne rai_son que les deux notes font partie de l'accord de la tonique (*Mi Do*).

On fera bien de l'employer à l'approche des cadences parfaites.

QUATRIÈME PARTIE.
DU PLAIN-CHANT

Il est impossible d'apprendre la science de l'accompagnement du plain-chant sans connaître la formation et la composition de ses divers modes. On consulte_ra donc, avant d'entreprendre l'étude des formules harmoniques suivantes une mé_thode de plain-chant quelconque, la *Pratique du Plain-chant* par exemple, que je viens de publier et qui renferme tout ce qu'il est nécessaire de connaître sur ce point.

Je dois néanmoins présenter le tableau suivant des échelles avec leurs *fina_les* et leurs *dominantes*, pour les personnes qui ne pourraient pas se procurer le susdit ouvrage.

Les modes usités sont au nombre de huit:

Les impairs 1.er, 3.e, 5.e et 7.e s'appellent *principaux* ou *authentiques*; ils exis_taient avant les pairs 2.e, 4.e, 6.e et 8.e appelés plagaux, ajoutés par St. Grégoire et que ce pontife intercala entre les authentiques en commençant l'échelle de chacun d'eux à une quarte au-dessous de l'échelle du mode qui le précède.(Voyez le tableau suivant).

Chaque mode est caractérisé par deux notes principales: la *finale* et la *domi_nante*.

Dans les modes authentiques la première note de l'échelle est toujours la fi_nale du mode et la cinquième en est la dominante, à moins que cette cinquième no_te ne soit un *Si*. Dans ce cas la dominante tombe sur le *Do*.(Voyez le 3.me mode).

Dans les modes plagaux la finale est la même que celle du mode authen_tique précédent; la dominante tombe sur la sixième note de l'échelle à moins que cette sixième note ne soit un *Si*.(Voyez le 8.me)

Dans le quatrième mode la dominante est *La* au lieu de *Sol* parceque l'é_chelle commence par un *Si*, note qui ne peut entrer en ligne de compte quand elle commence une échelle.

En considération des principes énoncés dans la *préface*, nous formulons les deux règles suivantes qui constituent la base véritable de l'accompagnement du plain-chant.

1º *Emploi exclusif dans les accords des notes de l'échelle diatonique.* 2º *af_firmation de la finale et de la dominante par l'emploi le plus fréquent pos_sible des deux accords qui correspondront dans chaque mode à ces deux no_tes essentielles.*

Chaque mode ayant ses *formules mélodiques* ou *cadences* particulières, nous allons étudier les formules *harmoniques* les plus propres à mettre les premières en relief; et pour familiariser les doigts avec la succession des accords de cha_que mode nous donnons à l'élève un exercice de mécanisme, écrit dans la tonalité du mode et résumant les principales difficultés qui peuvent s'y trouver.

I.er MODE. (AUTHENTIQUE)

HARMONISATION DE L'ÉCHELLE DU I.er MODE.

FORMULES OU CADENCES SE RÉSOLVANT SUR LA FINALE.

Il faut se méfier de la formule 3 et se garder d'accompagner le *Fa* par *Fa* afin d'éviter la suite d'octaves et de quintes qu'on ferait forcément en accom_ pagnant ensuite le *Ré* par *Ré*.

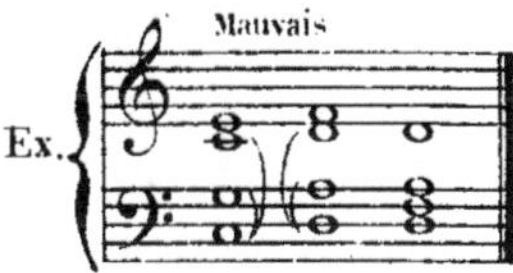

La formule 4 présente une autre difficulté non moins grande. Le *Fa* devant forcément avoir *Ré* pour Basse à cause du *Ré* suivant, les élèves inexpérimentés disposent les parties des deux premiers accords, de façon à y introduire des suc_ cessions de quintes et d'octaves ainsi qu'il suit:

On évite cette grave faute, en faisant descendre le *Do* de l'Alto du premier ac_ cord au *La*, et le *Sol* du Ténor sur le *Fa*. Le *Fa* (tierce) sera ainsi doublé.

Le numéro 6 présente une suite d'octaves par *mouvement contraire*; ces oc_ taves ne sont tolérées que quand elles vont de la dominante à la finale et vice versâ.

FORMULES OU CADENCES SE RÉSOLVANT SUR LA DOMINANTE.

Remarques particulières.

1º Chaque fois que le *La* est suivi d'un *Sib*, il faut l'accompagner par *Fa* et non par *La*, afin d'éviter les octaves.(Ex.3)

2º Dans les successions de notes faisant partie d'un même accord, il est bon de conserver la même Basse.(Ex.5)

3º Il est nécessaire de prévoir toujours la note qui suit le *Fa*; si c'est un *Sol*, rien de particulier; mais si c'est un *Mi* et que le *Fa* se trouve accompagné par *Ré*, il faut disposer les parties de ce dernier accord de la façon suivante afin d'éviter des quintes et des octaves.

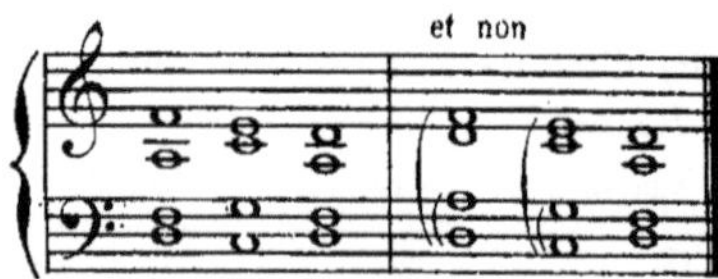

4º L'harmonie étant le résultat de plusieurs mélodies superposées, toute note qui figure dans la mélodie peut paraître à n'importe quelle partie de l'harmonie. Ainsi, le *Sib* peut se trouver non-seulement à la Basse de l'accord de *Sib* mais encore au Ténor de l'accord de *Sol*, ainsi qu'à toute autre partie.

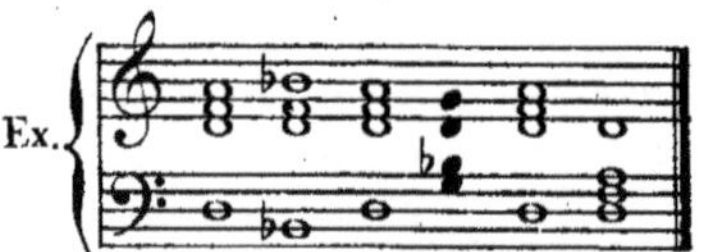

ÉTUDE DE MÉCANISME SUR LE 1ᵉʳ MODE.

Cette étude, ainsi que les suivantes, n'est autre chose qu'un résumé sous forme de morceau d'orgue, des formules les plus usitées de chaque mode. L'élève qui voudra arriver à accompagner le plain-chant d'une façon coulante devra les travailler en mesure, dans un mouvement assez rapide et avec un doigté bien lié.

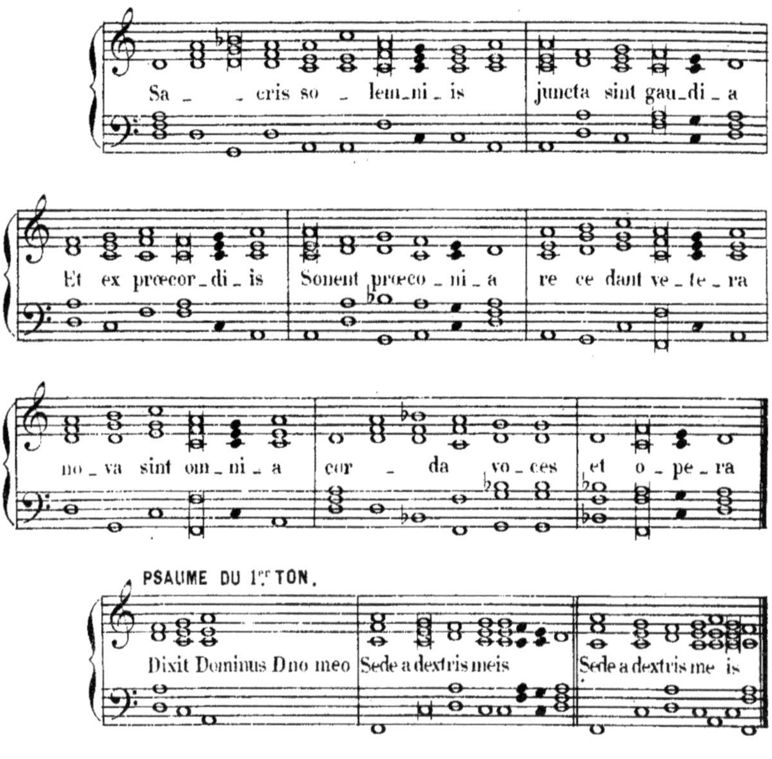

II.me MODE (PLAGAL)._ FIN. RÉ _ DOM. FA

Les accords de *Ré* et de *Fa*, étant ceux de la finale et de la dominante de_
vront être employés le plus souvent possible.

HARMONISATION DE L'ÉCHELLE DU 2me MODE

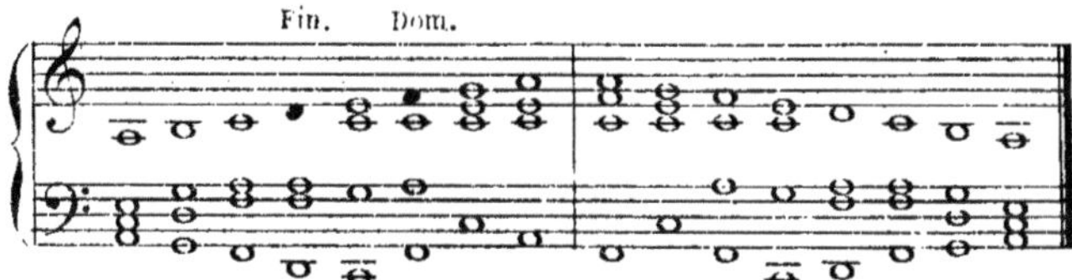

La finale du 2me étant la même que celle du 1er, les cadences seront les mê_
mes. Cependant, pour affirmer autant que possible le ton de la dominante,
on harmonise le *Do* de préférence par *Fa*, sans exclure pourtant l'harmonie
du 1er mode.

FORMULES OU CADENCES SE RÉSOLVANT SUR LA DOMINANTE.

HARMONIE DE QUELQUES FORMULES PARTICULIÈRES.

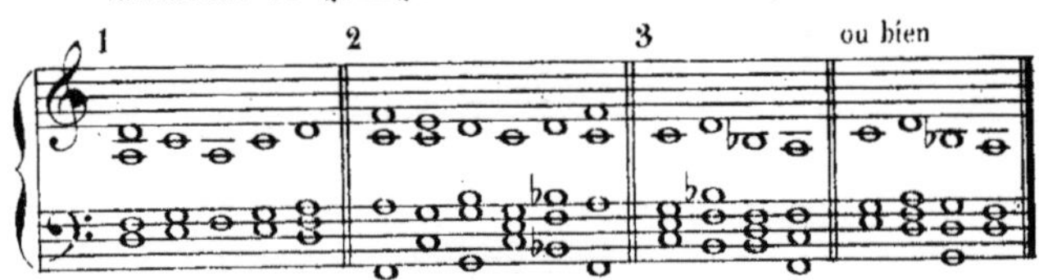

EXERCICE DE MÉCANISME SUR LE 2me MODE.

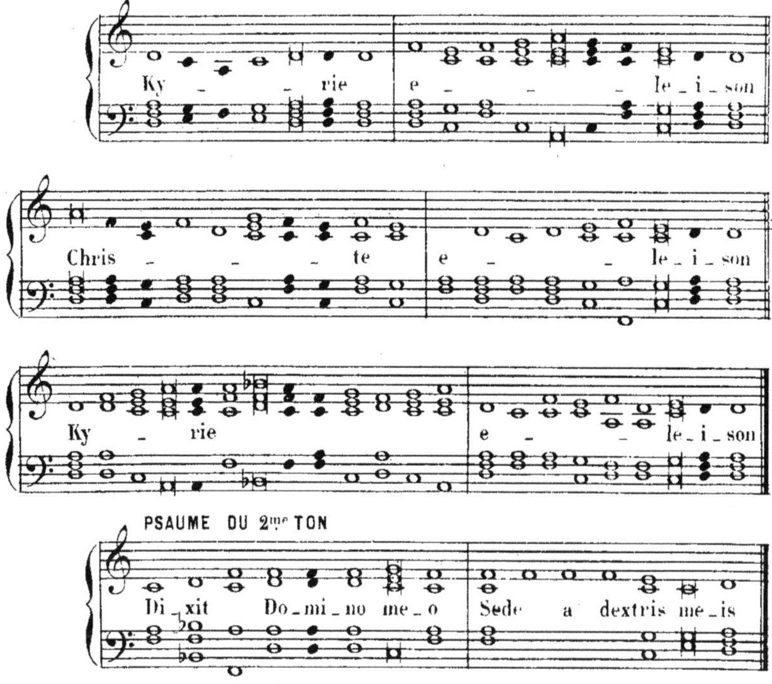

IIIme MODE (AUTHENTIQUE). — FIN. MI — DOM. UT.

Les accords de *Mi* et d'*Ut* étant ceux de la finale et de la dominante de_
vront être employés le plus souvent possible.

HARMONISATION DE L'ÉCHELLE DU 3me MODE.

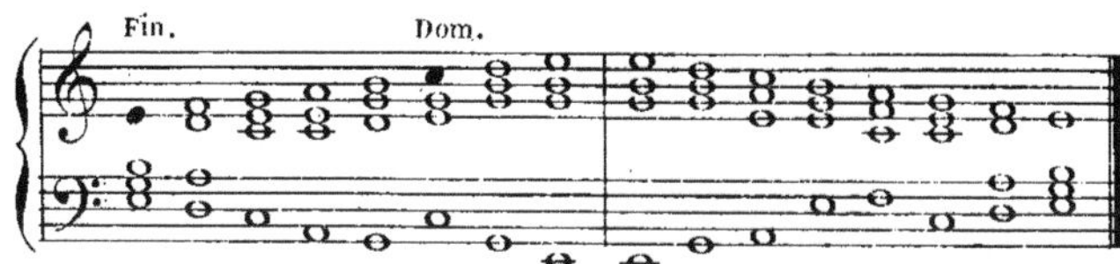

Nous recommandons aux élèves la nouvelle harmonie que nous avons adaptée
au fragment mélodique *Si La*.

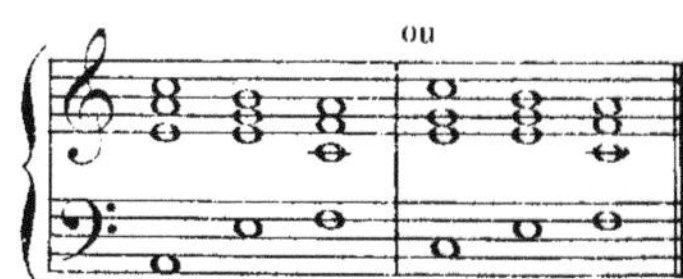

On pourra employer indifféremment dans quelque mode que ce soit cette har_
monie ou celle déjà donnée dans l'échelle du 1.ᵉʳ mode.

La mélodie inverse *La Si Do* peut également recevoir deux Basses différen_
tes, qu'il est bon de retenir par cœur.

Ex. 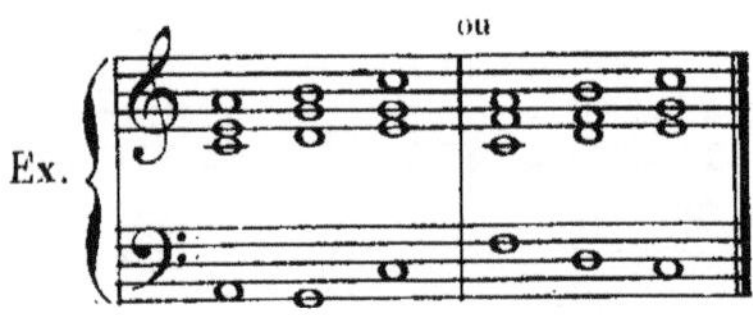

FORMULES OU CADENCES SE RÉSOLVANT SUR LA FINALE.

Remarque. On peut considérer la cadence 2 comme terminée harmonique_
ment au *Sol*, cette note faisant partie de l'accord de *Mi*; c'est pourquoi on
l'harmonise par *Mi*.

La cadence 3 offre un nouvel exemple de plusieurs notes harmonisées par
le même accord.

FORMULES OU CADENCES SE RÉSOLVANT SUR LA DOMINANTE.

Les 3.ᵐᵉˢ et 4.ᵐᵉˢ exemples de la cadence 1 ont l'avantage de renfermer à la fois
l'harmonie de la finale et celle de la dominante.

EXERCICE DE MÉCANISME SUR LE 3ᵐᵉ ET LE 4ᵐᵉ MODE.

EX. DU 3ᵐᵉ MODE.

⊕ Il va sans dire que les notes qui sont répétées dans plusieurs accords consécutifs, ne doivent pas être frappées à chaque fois, mais bien liées au moyen de doigtés de substitution.

IVme MODE (PLAGAL) — FIN. MI — DOM. LA.

On emploiera de préférence les accords de *Mi* et de *La*, qui sont ceux de la finale et de la dominante.

HARMONISATION DE L'ÉCHELLE DU 4me MODE.

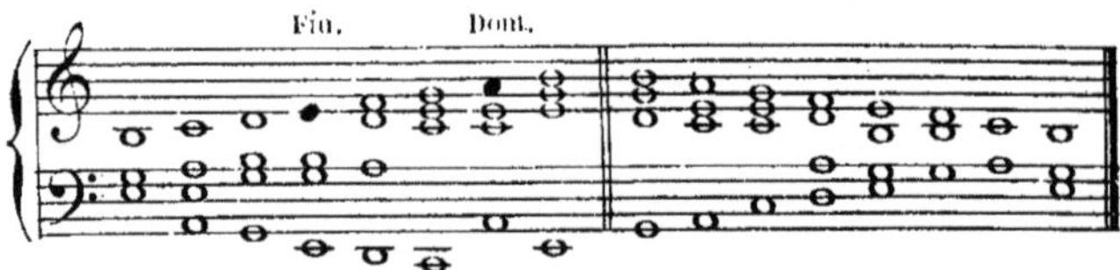

Les formules se résolvant sur la finale sont les mêmes que celles du 3me mode.

FORMULES OU CADENCES ABOUTISSANT A LA DOMINANTE.

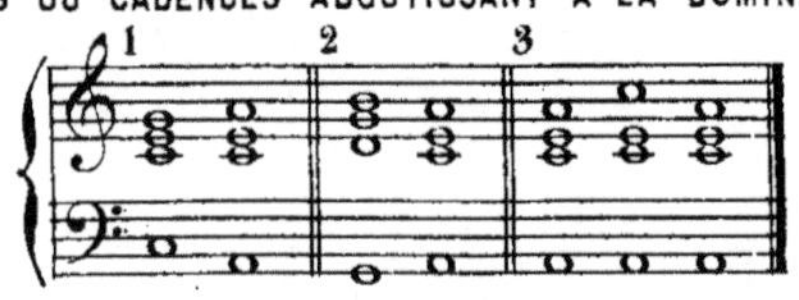

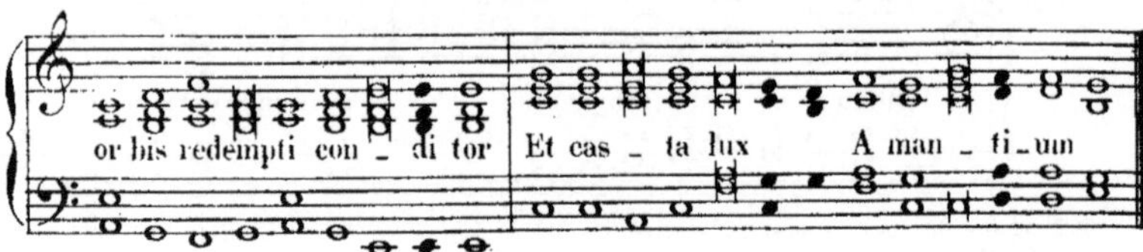

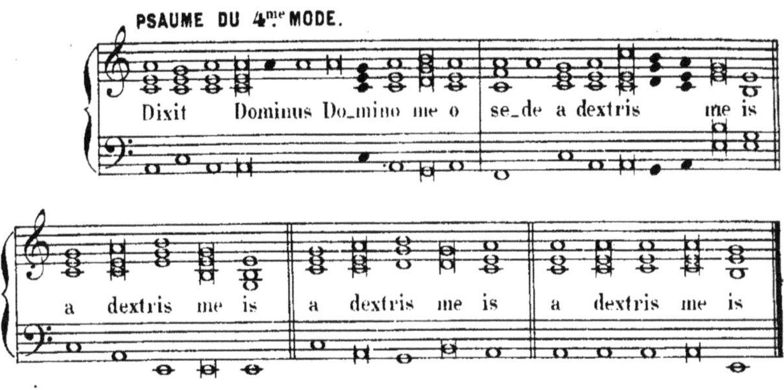

Vme MODE (AUTHENTIQUE) — FIN. FA — DOM. DO.

Les accord de *Fa* et de *La* seront les plus usités.

HARMONISATION DE L'ÉCHELLE DU 5me MODE.

La note variante *Si*, occupant le milieu de l'échelle du 5ᵐᵉ mode, devra pour ce motif se trouver souvent en *relation directe ou indirecte* avec le *Fa*. Dans ce cas, elle sera toujours bémolisée.

Autre harmonie avec le *Si♭ accidentel*

ou bien encore

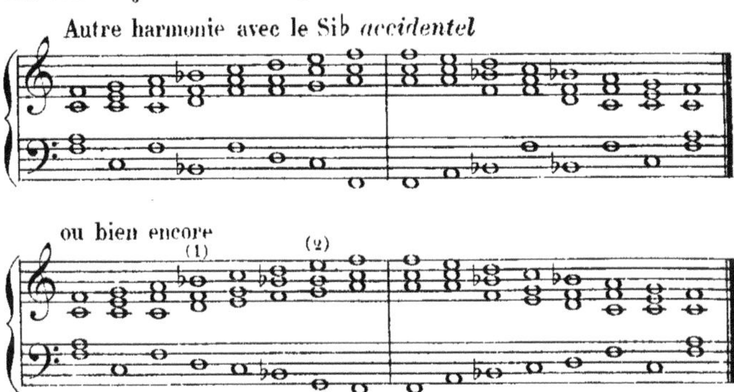

---

(1) 1ᵉʳ renversement de l'accord de *si♭*. La Basse *Ré* permet d'harmoniser le *Do* suivant par *Do*; Le *si♭* à la Basse entraînerait deux octaves.

(2) 2ᵐᵉ renversement de l'accord, *Mi Sol si♭*.

FORMULES OU CADENCES SE RÉSOLVANT SUR LA FINALE.

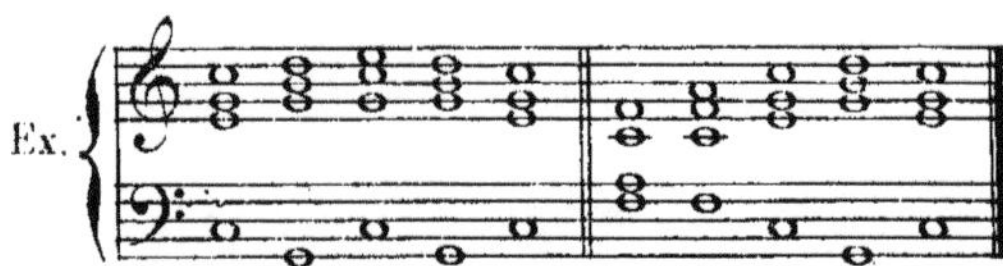

FORMULES OU CADENCES SE RÉSOLVANT SUR LA DOMINANTE.

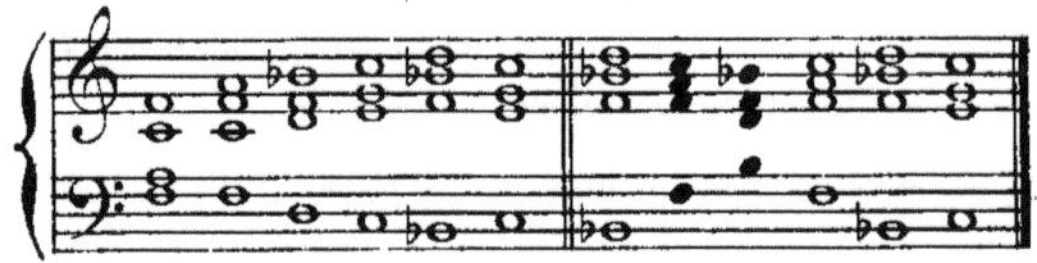

On emploie la première harmonie dans les phrases ou le Do n'est précédé ni directement ni indirectement d'un Si♭.

Ex.

Au contraire, la seconde harmonie devient nécessaire à chaque fois que le *Do* termine une phrase renfermant le Si♭, ou quand il est lui-même suivi de près par un *Si♭*.

EXERCICE DE MÉCANISME SUR LE 5ᵐᵉ ET LE 6ᵐᵉ MODE.

34 4 2 45 4 5 2
EXEMPLES DU 5.me MODE.
Ky _ _ ri _ e
e _ _ le _ i _ son
Christe
e _ _ le _ i _ son
Ky _ ri _ e
PSAUME DU 5.me TON.
Di _ xit Dominus Domino me o
Se _ de a dextris me is

VIme **MODE** PLAGAL — FIN. **FA** — DOM. **LA**.

On emploiera le plus souvent les accords de *Fa* et de *La*.

HARMONISATION DE L'ÉCHELLE DU 6me MODE.

Les formules ou cadences se résolvant sur la finale sont les mêmes que celles du 5me mode; celles qui aboutissent à la dominante ne présentent rien de particulier. Nous n'avons qu'à signaler la phrase suivante, qui admet deux harmonies différentes.

EXEMPLE DU 6me MODE.

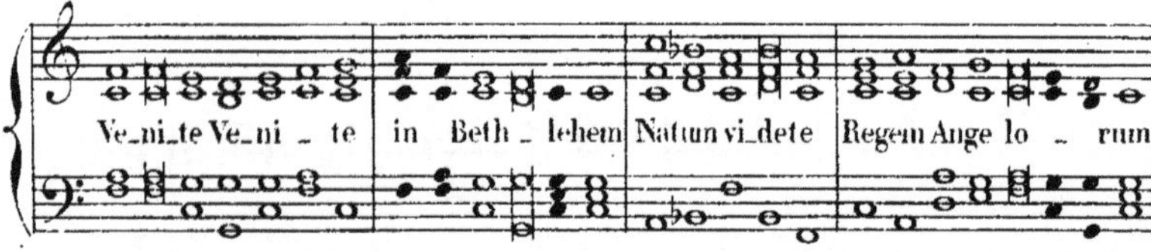

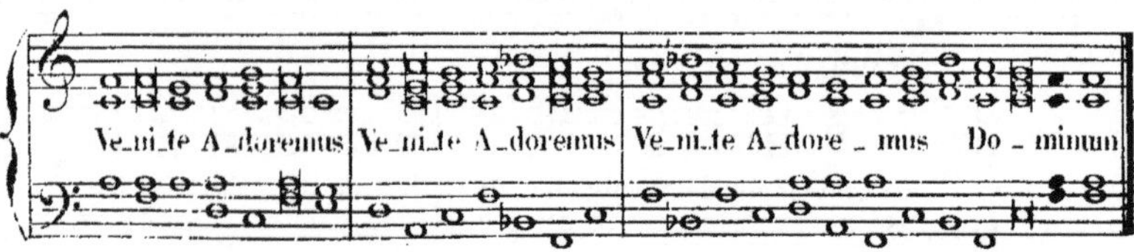

VIIme **MODE** AUTHENTIQUE — FIN. **SOL** — DOM. **RÉ**.

Les accords de la finale *Sol* et de la dominante *Ré* figureront le plus souvent dans ce mode.

HARMONISATION DE L'ÉCHELLE DU 7me MODE.

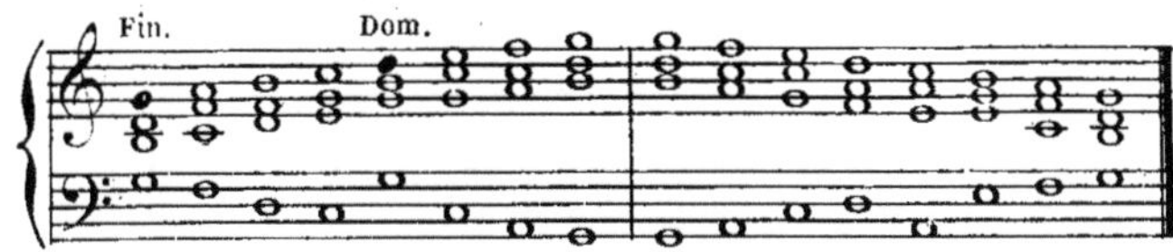

FORMULES OU CADENCES SE RÉSOLVANT SUR LA FINALE.

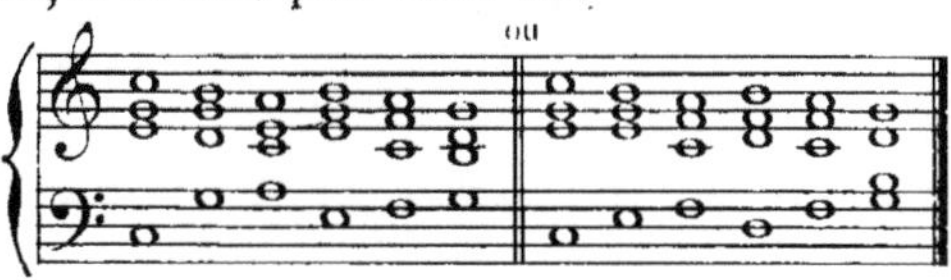

FORMULES OU CADENCES SE RÉSOLVANT SUR LA DOMINANTE.

La phrase mélodique suivante se présente souvent dans le 7me et le 8me mode. Elle est susceptible de deux harmonies différentes. Si l'accord de *La* tombe sur le 1er *La*, le *Si* aura pour Basse *Mi*; si au contraire ce premier *La* est harmonisé par *Fa*, le *Si* aura pour Basse *Ré*.

EXERCICE DE MÉCANISME SUR LE 7me ET LE 8me MODE.

EXEMPLE DU 7me MODE.
As _ per _ ges me Do _ mi_ne hysso _ po
et _ munda _ bor la _ va _ bis me et _ su _ perni vem
de _ al ba _ bor Mi _ se _ re_re me i De _ us
se _ cun_dum magnam misericor _ diam tu _ am Glo _ ri_a patri
et Fi_li_o et spiri _ tu_i sanc _ to si _ cut _ e_rat in principio
et nunc _ et sem_per et _ in sœcula sœculo _ rum A _ men

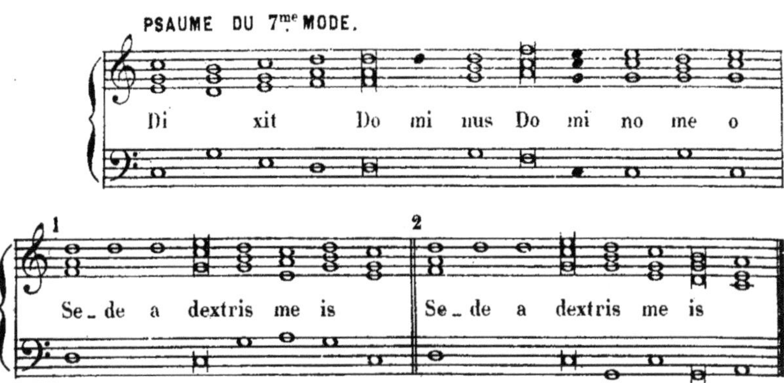

VIIIᵐᵉ MODE (PLAGAL) _ FIN. SOL _ DOM. UT.

Les accords de *Sol* et d'*Ut* formeront la base de l'harmonie de ce mode.

HARMONISATION DE L'ÉCHELLE DU 8ᵐᵉ MODE.

FORMULES OU CADENCES SE RÉSOLVANT SUR LA FINALE.

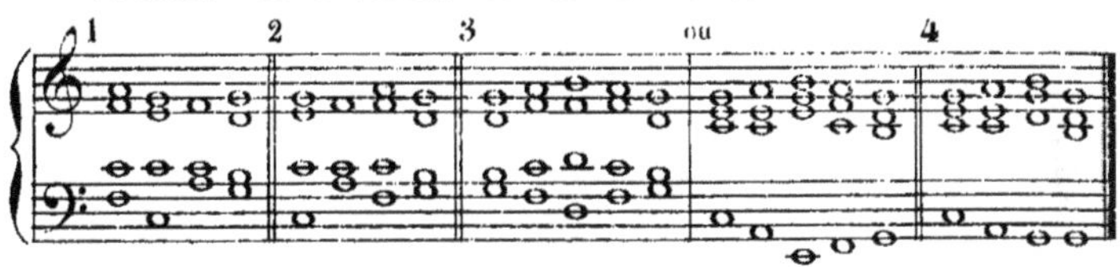

Les formules se résolvant sur la dominante *Do* ne présentent aucun cas qui n'ait déjà été étudié.

EXEMPLE DU 8ᵐᵉ MODE.

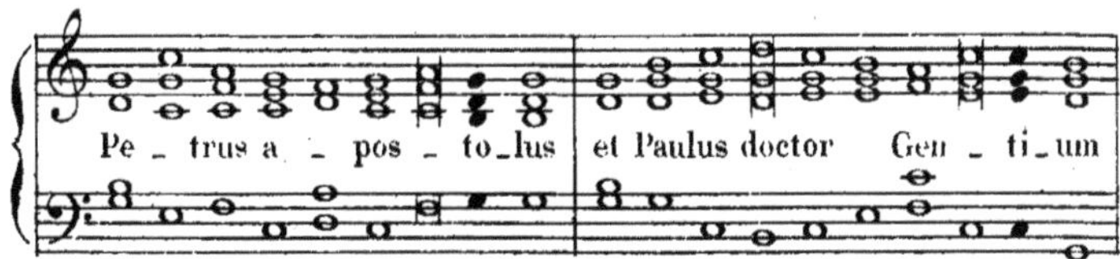

DE LA TRANSPOSITION

Pour transposer le plain-chant, il faut considérer: 1º. la *gamme musicale* dont sés mélodies sont composées, 2º. *l'échelle* propre à chaque mode, et sa position par rapport à la gamme musicale.

On ne s'étonnera point de nous entendre parler de gamme musicale à propos du plain-chant; cette expression est très-familière à la presque totalité des organistes, qui ne cessent de proclamer que les 1.er et 2.me modes sont en *Ré mineur* les 3.me et 4.me en *Mi mineur*, les 5.me et 6.me en *Fa majeur*, et les 7.me et 8.me en *Sol majeur*. Ce sont là des erreurs et des plus grossières.

En effet, pour être en *Ré mineur*, il faut un *Si*♭ à la clef et une note sensible, le *Do*♯; or, ni l'un ni l'autre ne se trouvent dans les 1.er et 2.me modes. Le ton de *Mi mineur* est caractérisé par un *Fa*♯ à la clef et la sensible *Ré*♯: ce qu'on chercherait en vain dans les 3.me et 4.me modes. Dans le ton de *Fa majeur* le *Si*♭ est permanent à la clef; mais il ne paraît qu'incidemment dans les 5.me et 6.me modes, et pour des raisons absolument étrangères à la tonalité du mode.

Le ton de *Sol majeur* est annoncé par un *Fa*♯ à la clef: ce qu'on chercherait vainement dans les 7.me et 8.me modes.

Or, toute gamme musicale est annoncée à la clef par les accidents (dièzes ou bémols) qui affectent tel ou tel de ses degrés. Ces accidents paraissent plus ou moins nombreux dans toutes les gammes. Une seule d'entre elles n'en a aucun c'est celle de *Do*.

Eh bien! puisqu'on ne trouve aucun accident dans le plain-chant, toutes les notes en étant en effet naturelles, on est forcé d'en tirer cette conclusion: *le plain-chant est composé des notes de la gamme de Do.*

Il faut même, pour faciliter la transposition et ne laisser aucun doute à cet égard, émettre en principe, que *le plain-chant, quel qu'il soit, est véritablement en Do* avec *Ré* pour finale dans les 1.er et 2.me modes, avec *Mi* pour les 3.me et 4.me, avec *Fa* pour les 5.me et 6.me, avec *Sol* pour les 7.me et 8.me

Dans la *Pratique du Plain-Chant*, nous avons démontré que ce qui faisait ressortir le caractère de chaque mode, c'étaient précisément ces finales diverses prises dans une seule et unique gamme, celle de *Do*.

Donc, à chaque fois qu'il s'agira de transposer un morceau de plain-chant, il sera inutile de se demander à quel mode il appartient; il suffira tout d'abord de transposer la gamme de *Do* dans celle du nouveau ton que l'on aura choisi, absolument comme cela se pratique en musique. Un musicien habile connaît par cœur la composition de toutes les gammes et l'armure qui les distingue à la clef. Les élèves, auxquels tant de science fera défaut, n'auront qu'à consulter le ta_bleau des gammes qui se trouve dans notre méthode d'orgue.

Par conséquent, si l'on veut transposer un mode quelconque d'un ton plus haut, on sortira de la gamme de *Do* pour entrer dans celle de *Ré*, et l'on aura à tenir compte des 2 dièses qui sont à la clef. Si on veut le transposer d'un ton plus bas on rempla_cera la gamme de *Do* par celle de *Si♭* dans laquelle on observera les 2 bémols de la clef.&

Le tableau suivant présente la gamme de *Do* transposée dans les tons les plus usités.

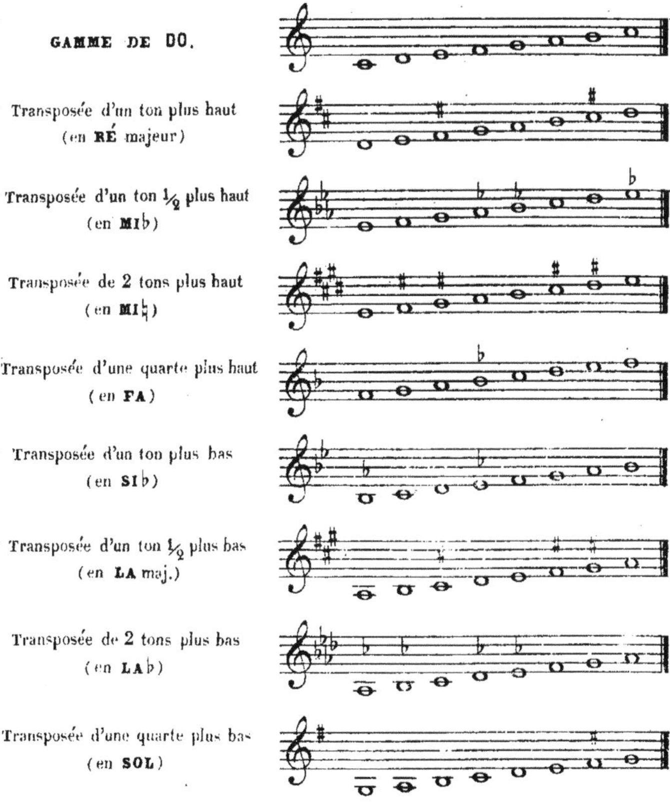

Cette première transposition une fois faite et le nouveau ton étant bien éta_
bli avec ses divers accidents, il reste à trouver l'échelle propre au mode que l'on
transpose, et qu'on ne confondra. pas avec la *gamme* musicale transposée: car il
ne faut pas oublier que, quoique les modes du plain-chant soient écrits en *Do*,
il ne s'ensuit nullement que l'échelle de chacun d'eux commence par cette note.
Au contraire, celle du premier mode commence par la 2me note *Ré*, celle du troi_
sième par la 3me *Mi*, celle du cinquième par la 4me *Fa*, celle du septième par la
5me *Sol*. L'on se souvient aussi que l'échelle des deuxième, quatrième, sixième, et
huitième modes (plagaux) part de la quarte inférieure de celle du mode authen_
tique, d'où ils dérivent.

Eh bien! dans la gamme transposée, la note initiale de chaque échelle, se trou_
vera à la même distance de la tonique que dans le ton naturel.

Les finales et dominantes y conservent aussi leurs positions respectives, selon
les règles ci-dessus énoncées.

ÉCHELLES DES 8 MODES TRANSPOSÉES

DANS LES TONS LES PLUS USITÉS.

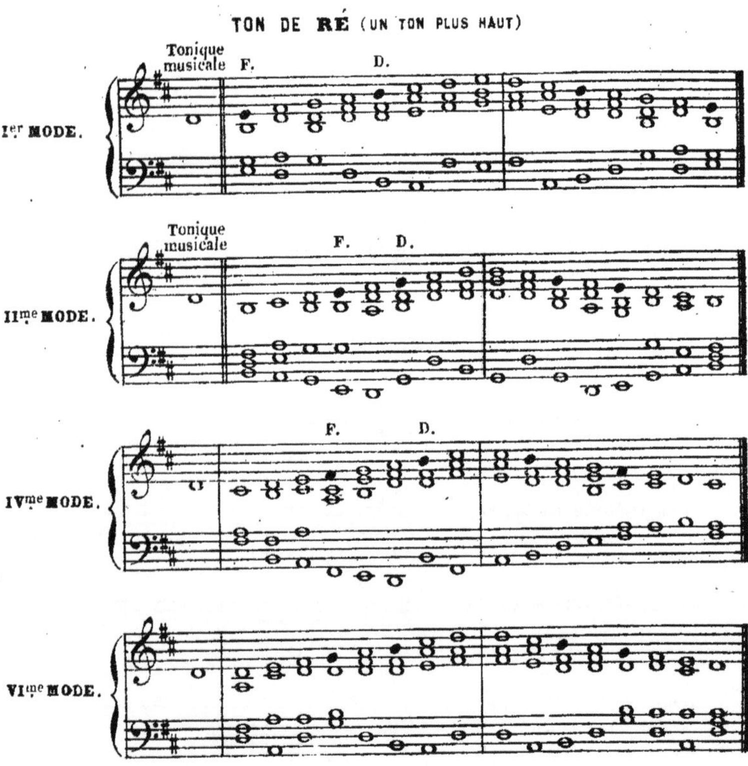

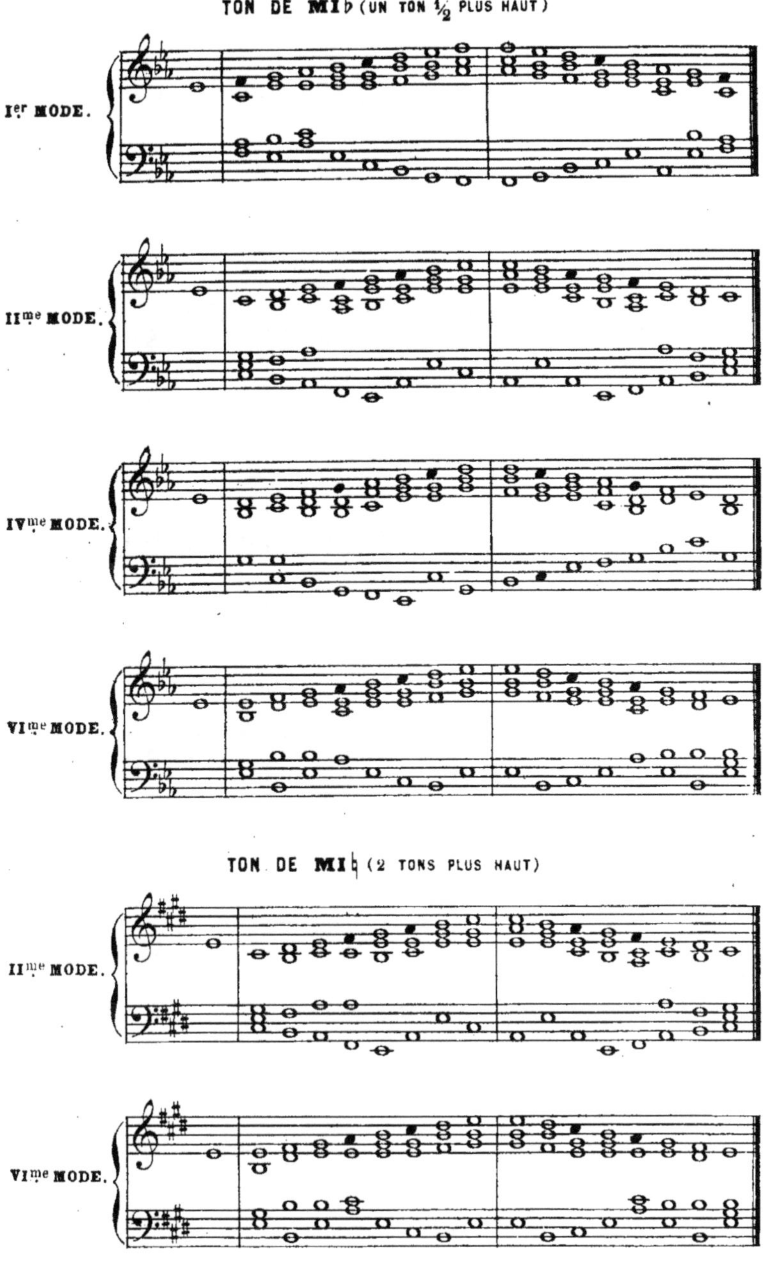

TON DE MIb (UN TON 1/2 PLUS HAUT)
Ier MODE.
IIme MODE.
IVme MODE.
VIme MODE.
TON DE MI♮ (2 TONS PLUS HAUT)
IIme MODE.
VIme MODE.

TON DE FA (UNE QUARTE PLUS HAUT)
F.   D.
IIme MODE.
TON DE SIb (UN TON PLUS BAS)
Ier MODE.
IIIme MODE.
IVme MODE.
Vme MODE.
VIme MODE.

VIIIᵐᵉ MODE.
TON DE LA (UN TON 1/2 PLUS BAS)
Iᵉʳ MODE.
IIIᵐᵉ MODE.
Vᵐᵉ MODE.
VIIIᵐᵉ MODE.
TON DE LA♭ (2 TONS PLUS BAS)
IIIᵐᵉ MODE.

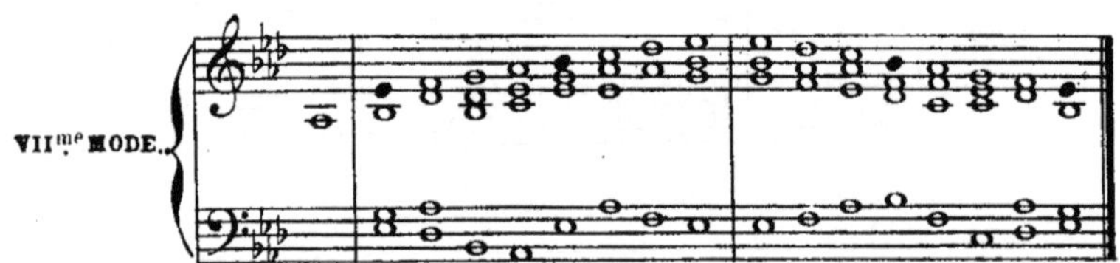

TON DE SOL (QUARTE PLUS BAS)

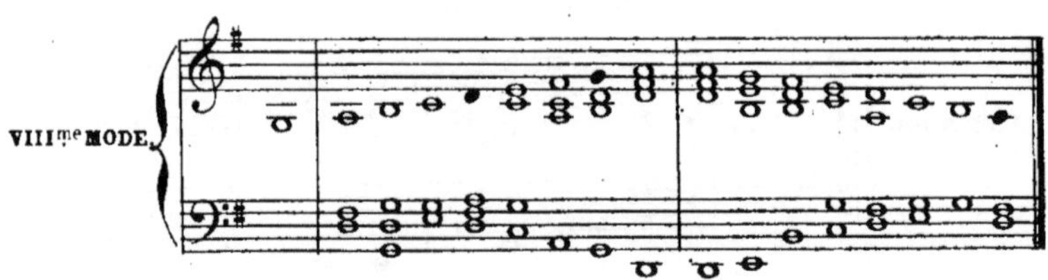

MODÈLES DE QUELQUES TRANSPOSITIONS
DANS LES TONS LES PLUS USITÉS.

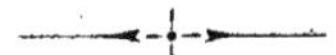

I.er MODE. Un ton plus haut _ Ton musical **RÉ** majeur _ Échelle de **MI** à **MI**.

II.me MODE. Une quarte plus haut _ Ton musical **FA** maj._ Échelle de **RÉ** à **RÉ**.

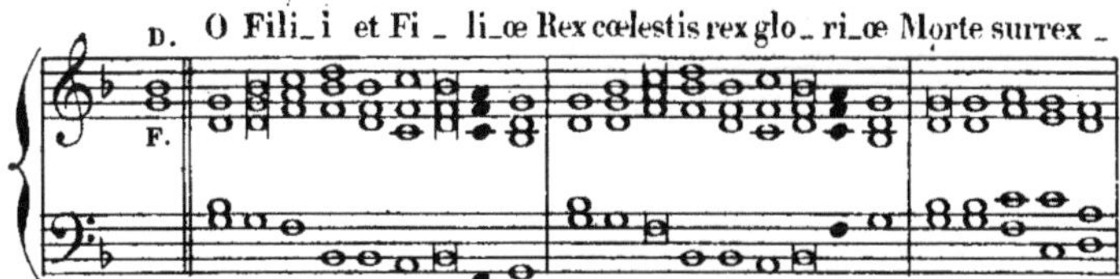

III.me MODE. Un ton plus bas _ Ton musical **SI♭** maj._ Échelle de **RÉ** à **RÉ**.

IV.me MODE. Un ton plus haut _ Ton musical **RÉ** maj. _ Échelle de **DO♯** à **DO♯**.

V.me MODE. Un ton ½ plus bas _ Ton musical **LA** maj. _ Échelle de **RÉ** à **RÉ**.

VI.ᵐᵉ **MODE.** Un ton plus haut _ Ton musical **RÉ** maj. _ Échelle de **RÉ** à **RÉ**.

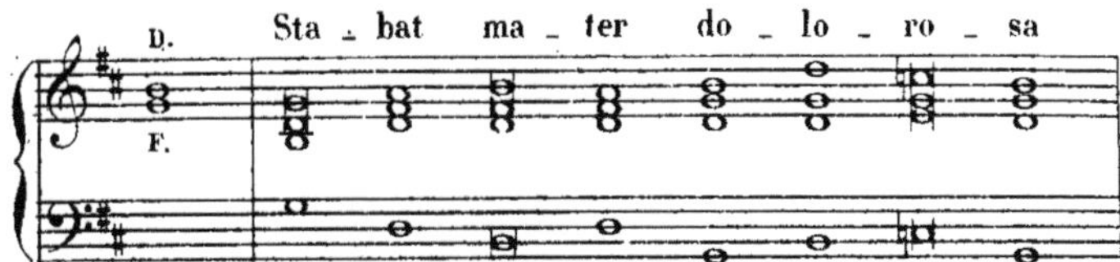

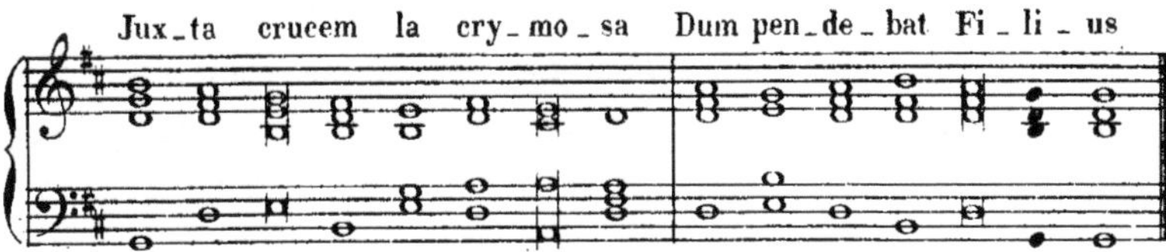

VII.ᵐᵉ **MODE.** Une quarte plus bas _ Ton musical **SOL** maj. _ Échelle de **RÉ** à **RÉ**.

VIII.ᵐᵉ **MODE.** Un ton plus bas _ Ton musical **SI♭** _ Échelle de **DO** à **DO**.

CHANT DES PSAUMES EN FAUX BOURDON

LE PLAIN-CHANT ÉTANT A LA PARTIE SUPÉRIEURE

N.º 1 — à 4 voix mixtes — N.º 2 — à 3 voix d'hommes.

I.er TON UNE TIERCE MAJEURE PLUS HAUT.

NOTA. Les grosses notes représentent les parties vocales.

Pour accompagner ces psaumes à l'orgue, on ne jouera à la main gauche que la Basse que l'on peut doubler à l'octave, tandis que la main droite exécutera trois parties dont une représentée en petites notes, lesquelles ne doivent pas être chantées.

Le ton de *Mi* majeur nous a paru le plus convenable pour les voix.

2me TON TRANSPOSÉ D'UNE QUINTE PLUS HAUT.
MAGNIFICAT.
Donec ponam..tu_os Scab......tu_orum Et exultavit spiritus me us
Donec ponam..tu_os Scabellum.tu_orum Et exultavit spiritus me us
3me TON, DANS LE TON NATUREL.
Terminaison en A. en A.
Donec......inimicos tuos Scab.....pedum tu _ orum pedum tuorum
Donec ponam inimicos tuos Scabellum.pedum tu _ orum pedum tuorum
INTONATION DU MAGNIFICAT.
Et ex_ul_tavit spiri_tus me us Et ex_ul_tavit spiri_tus me us
4me TON TRANSPOSÉ D'UN TON PLUS HAUT.
Termin. en E. en E.
Donec..inimicos tu_os Scabell.pedum tu _ o_rum pedum tu_orum

INTONATION DU MAGNIFICAT.

5.me TON, DANS LE TON NATUREL.

6.me TON TRANSPOSÉ D'UNE TIERCE MAJEURE PLUS HAUT.

7ᵐᵉ TON, UNE TIERCE MINEURE PLUS BAS.

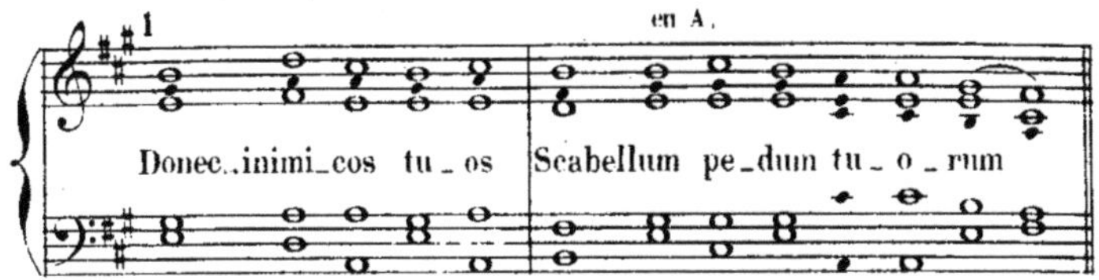

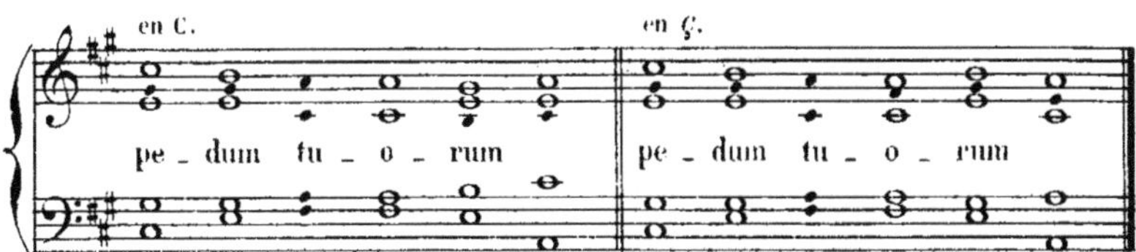

INTON.

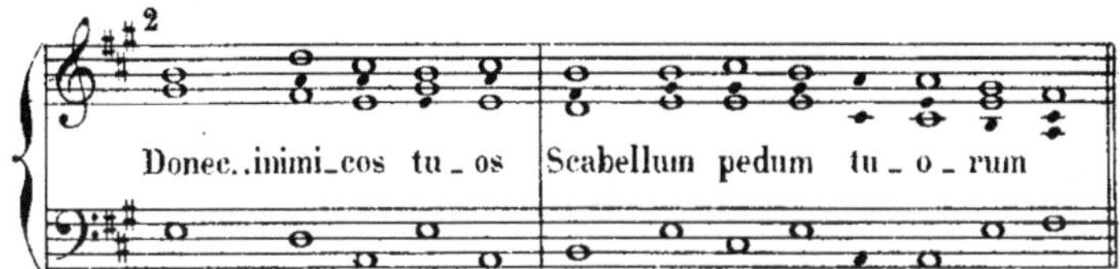

8ᵐᵉ TON, DANS LE TON NATUREL.

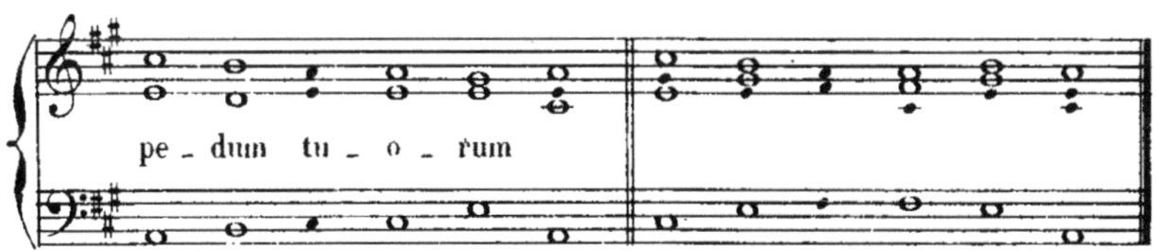

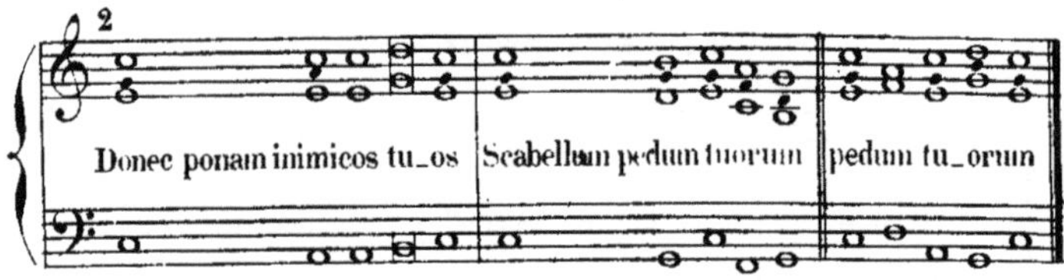

INTONATION DU MAGNIFICAT COMME AU 2ᵐᵉ TON.

TON ROYAL D'UNE TIERCE MAJEURE PLUS HAUT.

INTONATION.

INTONATION.

TONS IRRÉGULIERS

Nº 1. TRANSPOSÉ D'UN TON PLUS BAS.

INTONATION.

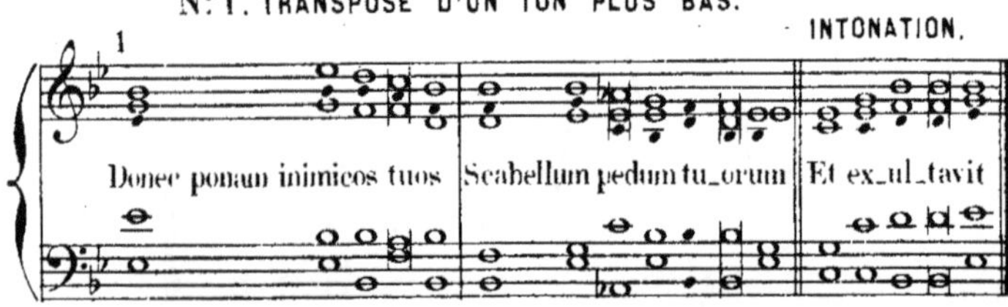

INTONATION.

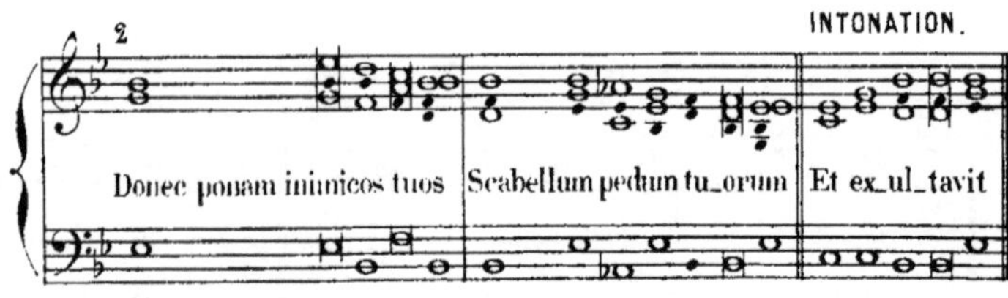

Nº 2. TRANSPOSÉ D'UNE TIERCE MAJEURE PLUS HAUT.

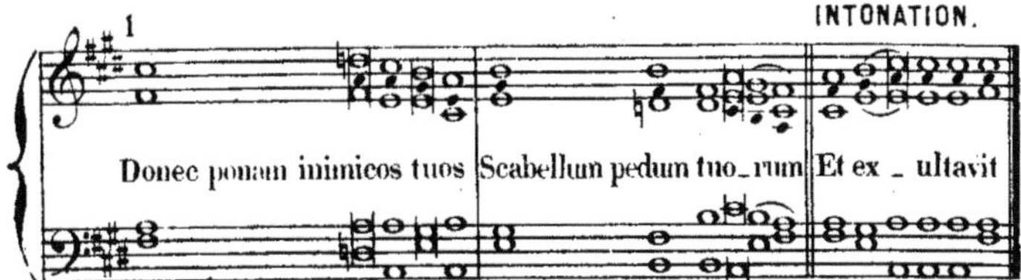

Nº 3 DU 2ᵐᵉ TON TRANSPOSÉ UNE QUINTE PLUS HAUT.

Nº 4. DU 5ᵐᵉ TON DANS LE TON NATUREL.

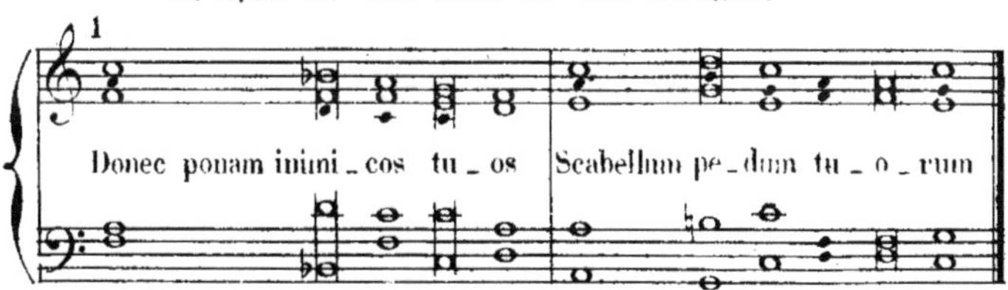

Nº 5. DANS LE TON NATUREL.

Nº 8. UNE TIERCE MAJEURE PLUS HAUT.

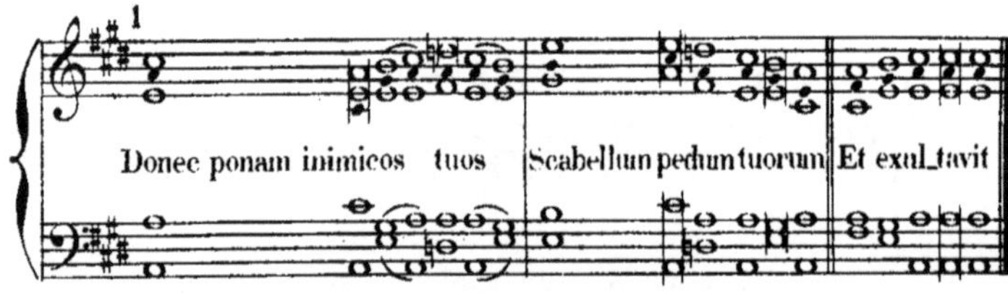

TABLE DES MATIÈRES

Imprimerie spéciale de musique, Rosoor-Delattre, à Tourcoing (Nord).